LA
QUESTION DES SALAIRES

OU

LA QUESTION SOCIALE

PAR

EDMOND VILLEY

PROFESSEUR D'ÉCONOMIE POLITIQUE A LA FACULTÉ DE DROIT DE CAEN

OUVRAGE RÉCOMPENSÉ PAR L'INSTITUT

PARIS

L. LAROSE ET FORCEL

Libraires-Éditeurs

22, RUE SOUFFLOT, 22

1887

LA

QUESTION DES SALAIRES

OU

LA QUESTION SOCIALE

LA
QUESTION DES SALAIRES

OU

LA QUESTION SOCIALE

PAR

EDMOND VILLEY

PROFESSEUR D'ÉCONOMIE POLITIQUE A LA FACULTÉ DE DROIT DE CAEN

OUVRAGE RÉCOMPENSÉ PAR L'INSTITUT

PARIS
L. LAROSE ET FORCEL
Libraires-Éditeurs
22, RUE SOUFFLOT, 22

1887

IMPRIMERIE
CONTANT-LAGUERRE
LVX VITAM
BAR-LE-DUC

AVERTISSEMENT.

L'Académie des Sciences morales et politiques avait mis au concours pour le prix Rossi,
en 1886 : *La question des salaires;* elle en
avait ainsi tracé le programme : « Montrer par
» des exemples et par des statistiques choisis
» dans des lieux et dans des temps divers et
» dans des conditions économiques diverses,
» quelles ont été les variations du taux des sa-
» laires, quelles causes ont produit ces varia-
» tions, quelle influence exercent à cet égard
» l'abondance ou la rareté du capital et des
» bras, le progrès des inventions, les institu-
» tions et les lois. »

Nous avons essayé de remplir ce programme.
En publiant le travail que l'Académie a jugé
digne d'une récompense, nous croyons devoir

citer l'appréciation qui en a été faite par son éminent rapporteur, M. Cucheval-Clarigny :

« Le mémoire n° 3 nous met en face d'un esprit
» plus ferme et plus net, qui a su envisager l'en-
» semble de son sujet, qui distribue les matières avec
» ordre, qui discute les faits et se tient en garde
» contre toute exagération et toute conclusion préci-
» pitée. L'auteur divise son travail en trois parties :
» l'étude des faits relatifs aux salaires, la recherche
» des lois qui les régissent et des causes qui les in-
» fluencent, enfin l'avenir du salariat, ses vices et les
» remèdes qui peuvent les corriger. Il annonce, et il
» tient parole, qu'il sera sobre en fait de statistiques,
» qu'il se limitera aux documents les plus récents sur
» la France, l'Angleterre et l'Italie, et qu'il négligera
» les renseignements de seconde main. Ce n'est pas
» qu'il ne connaisse point les ouvrages publiés sur la
» matière; il se contente d'y renvoyer par de simples
» notes sans faire étalage de chiffres et de tableaux à
» l'aide d'emprunts trop faciles. Son mémoire est le
» seul où se rencontre un tableau qui fasse voir pour
» les principales professions, soit d'hommes, soit de
» femmes, le taux des salaires dans les grandes et
» dans les petites villes de France. Ce tableau fait res-
» sortir des différences d'une ville à l'autre et des
» anomalies desquelles l'auteur conclut que le salaire
» n'obéit pas à des lois inflexibles et qu'il est in-

» fluencé par des causes locales et très diverses, no-
» tamment par la coutume. Pour ce qui concerne les
» États-Unis, les renseignements sont moins abon-
» dants et moins précis ; pour l'Italie, les chiffres em-
» pruntés aux travaux du professeur Rôta, qui datent
» de 1874, auraient pu être rectifiés et complétés à
» l'aide des renseignements fournis au Parlement en
» 1881 par le ministre Magliani, et surtout avec le
» secours des récentes publications de la direction
» générale de la statistique italienne, dont les travaux
» répandent tant de lumière sur la situation écono-
» mique de la péninsule. L'auteur aurait été ainsi mis
» à même de constater l'influence que l'immigration
» des ouvriers italiens en France a exercée sur l'aug-
» mentation des salaires industriels en Lombardie.

» L'auteur s'est attaché, non sans succès, à démon-
» trer que le coût de la vie, en ce qui concerne le
» vêtement et le pain, a diminué ou est demeuré
» stationnaire, et que, s'il a augmenté en ce qui con-
» cerne la viande et le loyer, l'augmentation n'a été
» que de 40 pour 100, tandis que le salaire s'est accru
» de 50 à 60 pour 100. Il en conclut à une améliora-
» tion dans la condition des travailleurs. Il en trouve
» une autre preuve dans l'accroissement des consom-
» mations de l'ouvrier, qui mange moins de pain,
» mais beaucoup plus de viande qu'autrefois, et dans
» le développement des dépenses inutiles et même
» regrettables qu'attestent le débit toujours croissant

» de l'alcool et du tabac, et la prospérité des lieux de
» plaisir et de débauche que fréquentent les ouvriers.

» Les faits sont donc en contradiction avec la pré-
» tendue *loi d'airain* qui sert de thème aux déclama-
» tions des socialistes. L'auteur prend vivement à
» partie Turgot, Adam Smith, J.-B. Say, Ricardo et
» tous les auteurs qui ont admis l'existence de cette
» loi ou se sont efforcés de la démontrer. Il soutient
» que c'est une erreur de considérer le travail comme
» une simple marchandise, soumise comme toutes les
» autres à la loi de l'offre et de la demande, que cette
» loi n'a point une influence décisive, et que l'élé-
» ment prépondérant, la déterminante véritable du
» salaire est la productivité du travail. A propos de
» cette discussion, on peut reprocher à l'auteur une
» injustice, il a tort de rendre tous les économistes
» contemporains solidaires des opinions émises par
» Malthus, Ricardo et les autres écrivains anglais
» qu'il combat; il ne lui aurait pas fallu beaucoup de
» lectures pour se convaincre que la théorie de la loi
» d'airain a en France moins de défenseurs qu'il ne
» suppose.

» L'auteur critique également la théorie du *fonds*
» *des salaires*, sans se rendre compte qu'il attache à
» ces mots un sens trop absolu. A ses yeux, le capital
» épargné ou préexistant n'est qu'un fonds de roule-
» ment aux mains des entrepreneurs. Ce capital sert
» à l'acquisition des matières premières et permet de

« faire l'avance des salaires : il est incessamment re-
» constitué par l'échange des produits du travail et
» par les valeurs qui représentent ces produits. La
» masse à partager, c'est la production tout entière
» de l'atelier social. Abordant ensuite les influences
» qui agissent sur le taux des salaires, l'auteur exa-
» mine successivement l'action du coût de la vie, de
» la coutume et de la loi. Il constate que si, autrefois,
» on s'est servi de la loi contre les ouvriers, il y a
» aujourd'hui une école qui voudrait se servir de la
» loi contre les patrons pour leur imposer la fixation
» d'un salaire minimum et l'abréviation de la durée
» du travail. Il fait, à ce propos, les réflexions les
» plus sensées sur le rôle de l'État et les dangers de
» son intervention en des matières qui sont du do-
» maine de la liberté. Les coalitions, les grèves et
» leurs funestes conséquences ne lui inspirent pas des
» réflexions moins judicieuses, qu'il appuie sur des
» faits nombreux et précis.

» Quand il arrive, dans la dernière partie de son
» mémoire, à parler de l'avenir du salariat, il dé-
» montre que l'association des ouvriers entre eux ne
» peut recevoir qu'une application limitée, et qu'elle
» ne pourra faire disparaître le salariat. Il n'est point
» hostile aux tentatives de ce genre, qu'il voudrait
» voir se multiplier, mais il les croit accompagnées
» de beaucoup d'illusions. N'est-il pas, à son tour,
» victime d'illusions lorsqu'il compte sur le système

» de la participation dans les bénéfices pour amener
» la réconciliation définitive entre les patrons et les
» ouvriers, et quand il semble croire que, pour faire
» tomber les préventions et les préjugés de ceux-ci, il
» suffira d'introduire l'économie politique dans les
» programmes des écoles primaires. A ces influences,
» manifestement insuffisantes, l'auteur voudrait bien
» joindre la pratique de l'épargne et de la prévoyance;
» mais il reconnaît que les ouvriers français n'y sont
» point enclins, et il se borne, pour toute conclusion,
» à déplorer les progrès de la démoralisation au sein
» des classes laborieuses.

» Cette absence de conclusions est d'autant plus
» regrettable que certaines opinions de l'auteur au-
» raient eu besoin d'être formulées avec précision et
» appuyées de preuves. On rencontre, en effet, dans
» ce mémoire plus d'une assertion hasardée et plus
» d'un jugement contestable. Enfin, les ouvriers des
» campagnes, qui forment l'élément le plus nombreux
» et le plus important de la population laborieuse,
» n'ont pas été l'objet d'une étude aussi approfondie
» et aussi complète..... »

« Nous constatons chez l'auteur du n° 3 une étude
» consciencieuse, et, ce qui n'est pas une qualité
» médiocre, une indépendance d'esprit qui le pousse
» à rejeter les opinions toutes faites pour demander
» ses jugements à ses études et à ses réflexions per-
» sonnelles. »

Deux critiques générales ont été faites par le savant rapporteur au mémoire que nous puplions. L'une, de n'avoir pas parlé assez complètement des ouvriers des campagnes; l'autre, de manquer de conclusion. Il est vrai que nous nous sommes particulièrement appesanti sur la condition des ouvriers des villes, parce que c'est là, pour nous, qu'est le vif de la question sociale qui nous a surtout préoccupé. A cet égard, la lacune, si lacune il y a, subsiste dans le travail que nous offrons au public. Nous avons essayé de satisfaire à l'autre critique, en ajoutant à notre mémoire un chapitre sous forme de conclusion, dans lequel nous avons résumé et précisé les conclusions qui se dégagent des autres chapitres.

Edmond VILLEY.

Novembre 1886.

INTRODUCTION.

La question des salaires est, sans contredit, la plus grosse question économique et sociale qui s'agite aujourd'hui. Pour quiconque observe avec quelque attention l'état d'esprit, les aspirations, les revendications de la classe ouvrière, l'antagonisme qui s'accentue de jour en jour entre le capital et le travail, la question est autrement grave que les misérables questions politiques qui nous divisent tant ! Un homme qui a suivi de près et avec intérêt le mouvement ouvrier, M. le sénateur Corbon, n'hésitait pas à le reconnaître dans l'enquête sur la crise industrielle : « L'ouvrier aujourd'hui montre bien » plus d'aigreur qu'en 1848 ; l'antagonisme » entre patrons et ouvriers est arrivé mainte-

» nant à l'état aigu ; il existait déjà en 1848,
» mais à un degré bien moindre[1]. »

Cette question capitale est pourtant une de celles qui ont été le moins élucidées par les économistes, et M. Paul Leroy-Beaulieu a pu dire avec vérité, dans son *Essai sur la répartition des richesses*, que « toute la théorie du salaire » est à refaire dans la science économique. »

Il nous sera, croyons-nous, facile de montrer que l'économie politique classique a, par une théorie du salaire préconçue et contraire à la réalité des faits, enfermé la classe ouvrière dans un véritable cercle de fer, dont il semble, en vérité, que la violence seule pourrait la délivrer ; en sorte qu'un destin si cruel a été trop facilement exploité par les agitateurs socialistes, qui n'ont pas peu contribué à envenimer la lutte. Jamais il n'a été plus opportun de faire évanouir ces conceptions sans fondement, de rendre l'espoir aux classes laborieuses, mais en leur montrant clairement que leur sort est entre leurs mains, que la condition première, pour que ce sort s'améliore, est de mettre fin à un antagonisme qui est la perte de tous, de

[1] *Procès-verbaux de la Commission d'enquête sur la situation des ouvriers de l'industrie et de l'agriculture*, p. 97.

donner à leur travail la plus grande productivité possible (car c'est de là que dépend leur sa-laire) et de solidariser leurs intérêts avec ceux de leurs patrons.

Ce n'est pas, au reste, hâtons-nous de le dire, aux ouvriers à faire tout le chemin dans la voie de la réconciliation, et nous n'hésiterons pas à dire aux patrons que, sauf de rares et nobles exceptions, ils sont généralement trop indifférents au sort et à l'avenir de leurs ouvriers, et qu'il dépend d'eux en grande partie de développer au plus haut point leur force productive, en faisant appel aux deux plus puissants ressorts de l'activité humaine, l'inté-rêt et le dévouement.

A tous, nous ne craindrons pas de dire que le plus grand mal qui ravage notre société, mal qui est la cause de tous les autres maux, c'est une démoralisation générale, dont l'exemple, parti d'en haut, a gagné de proche en proche toutes les couches sociales, sous l'influence du scepticisme, et qu'il est du devoir comme de l'intérêt de tous de travailler sans perdre un instant à l'œuvre de la réforme.

Nous diviserons ce travail en trois parties.

Dans la première partie, nous étudierons les

faits relatifs au salaire; nous interrogerons les statistiques, avec sobriété toutefois, car c'est surtout en pareille matière que la statistique est difficile et trompeuse, et nous aimons mieux marcher sur un terrain limité et sûr, que de parcourir à la hâte des domaines mal explorés pour ne rapporter de notre voyage que des données vagues et des conclusions incertaines; nous comparerons le présent au passé, et nous essaierons de suivre le mouvement des salaires par comparaison avec le mouvement des prix.

Dans une seconde partie nous rechercherons les lois qui régissent le salaire et nous essaierons de signaler les causes principales par lesquelles il peut être influencé.

Dans une troisième partie, nous verrons quel est l'avenir du salariat, nous indiquerons les vices de l'atelier du travail dans notre société actuelle, tels qu'ils nous apparaissent, et les remèdes qui nous semblent devoir être employés.

PREMIÈRE PARTIE.

DE L'ÉTAT PRÉSENT DES SALARIÉS COMPARÉ AU PASSÉ.

Dans un sens large, le mot *salaire* exprime la rémunération de toute espèce de travail. On peut dire, en ce sens, que le médecin, l'avocat, le professeur, l'artiste, l'entrepreneur reçoivent un salaire. Dans un sens plus spécial, on entend par *salaire* la rémunération du travail manuel, de la main-d'œuvre, des ouvriers. C'est de ce salaire spécial que nous devons nous occuper, et c'est là aussi la question qui a pris aujourd'hui une si capitale importance.

Il faut tout d'abord rappeler une distinction fondamentale entre le salaire *nominal* et le salaire *réel*. Le salaire *nominal*, c'est le salaire exprimé

en argent, en monnaie. C'est un élément sans
doute indispensable, mais qui pourtant ne peut
nous donner qu'une notion très incomplète de la
situation des ouvriers. La monnaie n'est qu'un
instrument d'échange, et le sort de l'ouvrier dé-
pendra évidemment de la puissance d'achat de
cet instrument, c'est-à-dire du prix des différentes
choses que l'ouvrier consomme. C'est le rapport
entre le salaire nominal et le prix des choses nécessaires à la vie qui peut nous renseigner exactement sur l'état et le degré de bien-être des
ouvriers; en sorte que toute enquête sur la situation des salariés doit, à peine d'être destituée
de toute valeur pratique, porter à la fois sur les
deux éléments. Tel ouvrier gagne 5 francs par jour :
cette indication abstraite ne nous apprend rien
sur sa véritable condition; au fond de la Bretagne,
il sera riche; à Paris, il sera pauvre; aujourd'hui
il vivra moitié moins à l'aise qu'il y a cent ans,
parce que la puissance d'achat du numéraire a
baissé. Il est clair que, pour apprécier exactement la situation de l'ouvrier, il faut considérer la
somme de jouissances qu'il peut se procurer avec
son salaire : c'est ce qu'on appelle le salaire *réel*.

Un des chefs les plus illustres de l'économie
politique anglaise, Ricardo, écrivait, au commen-

cement de ce siècle, cette sinistre prophétie sur les salaires : « Dans la marche naturelle des so- » ciétés, les salaires tendent à baisser en tant » qu'ils seront réglés par la demande; car le » nombre des ouvriers continuera à s'accroître » dans une proportion un peu plus rapide que la » demande..... A mesure que la population aug- » mente, les denrées que l'ouvrier a besoin d'a- » cheter iront en augmentant de prix, plus de » travail étant nécessaire à la production. Si les » salaires payés en argent à l'ouvrier viennent à » baisser pendant que toutes les denrées à l'achat » desquelles il dépensait le produit de son travail » haussent de prix, il se trouvera doublement at- » teint et il n'aura bientôt plus de quoi subsister. »

Jamais socialiste n'a formulé contre notre so- ciété une plus sanglante accusation, et il faut con- venir que, si elle était vraie, elle excuserait bien des révoltes ! Interrogeons cependant les faits.

Sans remonter jusqu'au tableau que nous trace La Bruyère des travailleurs des champs de son temps, il paraît bien incontestable que la situation du peuple aujourd'hui est incomparablement su- périeure à celle que nous dépeignent tous les his- toriens du siècle dernier. Saint-Simon nous dit qu'en 1725 on vécut, en Normandie, de l'herbe des champs. « Dans mon canton de Touraine, nous dit un peu plus tard d'Argenson, il y a déjà plus d'un an que les hommes mangent de l'herbe. » L'évêque de Chartres répond au roi que les hommes « mangent de l'herbe comme des moutons et crèvent comme des mouches. » Massillon, en 1740, affirme que les nègres des îles sont infiniment plus heureux que le peuple des campagnes, « qui ne peut, avec le travail le plus dur et le plus opiniâtre, avoir du pain. » Des seigneurs de Touraine veulent occuper des habitants à des travaux de la campagne; ils sont si faibles, nous dit d'Argenson, qu'ils ne peuvent travailler de leurs bras. « Paris fourmille de mendiants; il y a plus de 12,000 ouvriers mendiant à Rouen, autant à Tours, etc. » A Rouen et en Normandie, les plus aisés ont de la peine à avoir du pain pour leur subsistance, le commun du peuple en manque totalement, et il est réduit, pour ne pas mourir de faim, à se former des nourritures qui font horreur à l'humanité[1]. La note est la même jusqu'à la Révolution. En 1783, dans toute la plaine du Toulousain, le peuple ne mange que du maïs, de la mixture de menus grains, très peu de blé; pen-

---

[1] *Adresse du Parlement de Normandie,* avril 1752.

dant la moitié de l'année, ceux des montagnes vivent de châtaignes. D'après les rapports des intendants, le fond de la nourriture, en Normandie, est l'avoine; dans l'élection de Troyes, le sarrasin; dans la Marche et le Limousin, le sarrasin avec des châtaignes et des raves; en Beauce, un mélange d'orge et de seigle; en Berry, un mélange d'orge et d'avoine. Point de pain de froment, point de viande de boucherie; tout au plus, on tue un porc par an[1].

Examinons quelle marche a suivie, dans ce siècle, le salaire de l'ouvrier. Etudions successivement le taux des salaires, le prix des subsistances, les consommations des ouvriers en France et à l'étranger.

[1] Taine, *L'ancien régime.*

CHAPITRE I.

Le taux des salaires en France.

Que le taux des salaires en France ait suivi une forte progression, surtout à partir du milieu de ce siècle, c'est ce qui n'est contesté par personne. Mais il importe de se rendre un compte exact de l'importance de cette progression, qui devra être comparée avec la progression du prix des subsistances. C'est ce que nous allons essayer de faire, en nous basant surtout sur les chiffres contenus dans les derniers documents officiels que nous ayions pu compulser : ce sont, d'une part, la statistique de la France pour l'année 1881, et, d'autre part, en ce qui concerne l'industrie parisienne, le rapport et les procès-verbaux de la commission d'enquête sur la situation des ouvriers de l'industrie et de l'agriculture. Disons tout de suite que, depuis lors, les salaires paraissent avoir subi un mouvement de recul dans beaucoup d'industries. Un indice certain de ce fait, c'est que, sur quatre-vingts grèves qui ont éclaté en France en 1884, plus de la moitié ont eu pour cause une réduction de salaire imposée par les patrons, et que, dans presque tous ces conflits, les ouvriers ont succombé. Le taux des salaires est toujours sujet à certaines oscillations; il a certainement, au moment présent, une tendance à la baisse; cette observation toutefois n'est pas de nature à ébranler les conclusions qui ressortiront des derniers chiffres officiellement constatés.

Examinons d'abord les salaires agricoles.

Au commencement du siècle, vers 1813, le prix moyen de la journée était de 1 fr. 05; d'après l'enquête de 1852, il était de 1 fr. 41; en 1855, de 1 fr. 61; d'après l'enquête de 1862, 1 fr. 85; en 1872, 2 fr.; aujourd'hui, il n'est pas inférieur à 3 fr. Cela représente une augmentation de 31 % dans la période décennale de 1852-1862, et de 8 % dans la période décennale suivante, 1862-1872. En 20 ans, les salaires agricoles ont augmenté de 41 %, et aujourd'hui, si l'on prend comme salaire moyen le chiffre de 3 fr., que nous ne croyons pas exagéré, on trouve que les salaires des ouvriers des champs ont augmenté de 112 %, depuis 1852.

Il est remarquable que les salaires agricoles varient du simple au double suivant les départements. Voici quelques chiffres empruntés à l'enquête de 1862. Dans la Seine, le prix moyen de la journée était de 3 fr. 10, et dans les Côtes-du-Nord et le Finistère, de 1 fr. 14. Entre ces extrêmes, on trouve, dans Seine-et-Oise, 2 fr. 66; dans l'Eure, 2 fr. 37; dans l'Oise, 2 fr. 15; dans le Pas-de-Calais et la Manche, 1 fr. 53; dans l'Ille-et-Vilaine, 1 fr. 29; dans la Haute-Garonne, 1 fr. 21. L'écart entre des départements tels que l'Eure et l'Oise, d'un côté, le Pas-de-Calais et la Manche, de l'autre, est vraiment notable.

Le salaire des femmes, dans l'industrie agricole, a varié de 0,89 en 1852 à 1 fr. 14 en 1862, pour les femmes non nourries; de 0,47 à 0,62 pour les femmes nourries; c'est une augmentation en 10 ans, de 28 % pour les premières, de 32 % pour les secondes.

Un statisticien minutieux, M. de Foville, dans ses études sur les variations de prix, estime le revenu annuel d'une famille agricole à :

En 1788 : 200 fr.   En 1852 : 550 fr.
— 1813 : 400 fr.   — 1862 : 720 fr.
— 1840 : 500 fr.   — 1872 : 800 fr.

Les salaires agricoles ont certainement haussé dans une très forte proportion. Cependant, c'est un fait notoire que les campagnes sont partout désertées et que les ouvriers émigrent de plus en plus vers les villes. La cherté croissante de la main-d'œuvre et parfois l'impossibilité de se la procurer sont, au dire de tous les cultivateurs, une des causes les plus certaines de la crise que traverse aujourd'hui l'industrie agricole.

Passons aux ouvriers de l'industrie manufacturière. Nous allons trouver dans la statistique de la France pour l'année 1881 des renseignements précieux, que nous contrôlerons et compléterons à l'aide des autres documents que nous avons pu réunir. C'est à partir de 1853 que l'on a commencé à établir la statistique des salaires; c'est donc à cette date qu'il faudra prendre notre premier point de comparaison.

Voici quelle a été la moyenne des salaires en France, Paris excepté, dans la petite industrie, en 1853, 1871 et 1881 :

	1853	1871	1881
Ouvriers nourris....	0 fr. 96	1 fr. 40	1 fr. 52
Ouvriers non nourris.	1 fr. 89	2 fr. 65	3 fr. 08

Mais ces moyennes générales sont, à notre avis, ce qu'il y a de plus trompeur, et il nous faut étudier de plus près le mouvement des salaires dans les principales professions soit de la petite, soit de la grande industrie, tant en province qu'à Paris.

Mettons d'abord dans un tableau synoptique les chiffres des salaires des ouvriers non nourris, en province et à Paris, dans ce qu'on est convenu d'appeler la petite industrie. Nous empruntons ces chiffres à la statistique de la France pour 1881, en mettant en parallèle les salaires de la province et ceux de Paris, et en faisant remarquer que les salaires relevés dans les départements sont seulement ceux des chefs-lieux de département.

PROFESSIONS.	SALAIRE MOYEN				AUGMENTA-TION 0/0	
	EN PROVINCE		A PARIS		EN PRO-VINCE.	A PARIS.
	en 1853.	en 1881.	en 1853.	en 1880.		
	fr. c.	fr. c.	fr. c.	fr. c.		
Bijoutiers-orfèvres	2 74	4 12	4 25	7 »	59	65
Bouchers	1 73	3 09	4 50	6 »	79	33
Boulangers	1 90	3 52	5 »	7 »	85	40
Brasseurs..........	2 20	3 43	3 75	5 »	56	33
Briquetiers-tuiliers	1 88	3 04	3 »	6 »	62	100
Carriers	2 02	3 21	3 »	5 »	59	67
Carrossiers.	2 21	3 71	4 »	6 »	68	50
Charbonniers	1 83	2 84	3 »	5 »	55	67
Chapeliers	2 12	3 50	4 »	6 50	65	62
Charcutiers..........	1 79	3 »	» »	» »	68	»
Charpentiers.........	2 20	3 90	5 »	7 85	77	57
Charrons...........	2 06	3 51	4 »	6 »	70	50
Chaudronniers........	2 21	3 54	4 50	6 »	60	33
Chaussonniers........	1 80	2 73	1 75	2 25	52	29
Cordiers...........	1 76	2 82	3 »	4 »	60	33
Cordonniers..........	1 68	3 05	3 »	3 50	81	17
Couteliers..........	1 80	2 99	4 »	6 »	66	50
Couvreurs..........	2 16	3 96	5 »	7 35	83	47
Ébénistes..........	2 20	3 63	3 50	7 50	65	114
Ferblantiers-lampistes..	2 04	3 38	3 50	5 »	66	43
Forgerons...........	2 42	3 80	5 »	7 »	57	40
Horlogers..........	2 43	4 06	4 50	6 »	67	33
Imprimeurs	2 40	3 72	5 »	6 50	55	30
Jardiniers..........	1 78	2 98	2 50	3 75	67	50
Maçons	2 07	3 55	4 25	7 50	71	76
Maréchaux-ferrants ...	1 94	3 24	3 65	6 »	67	64

PROFESSIONS.	SALAIRE MOYEN				AUGMENTA-TION 0/0	
	EN PROVINCE		A PARIS		EN PRO-VINCE.	A PARIS.
	en 1853.	en 1881.	en 1853.	en 1880.		
	fr. c.	fr. c.	fr. c.	fr. c.		
Menuisiers.	2 02	3 46	3 50	7 »	71	100
Peintres en bâtiments..	2 20	3 61	4 »	7 »	64	75
Perruquiers-Coiffeurs..	1 35	2 58	2 »	4 »	91	100
Plombiers.	2 25	3 55	4 »	6 »	58	50
Poêliers-fumistes	2 27	3 67	4 »	7 »	61	75
Potiers.	1 95	3 04	3 50	4 »	56	14
Relieurs.	1 92	2 98	3 50	5 50	55	57
Scieurs de long.	2 01	3 54	3 50	5 »	76	43
Sculpteurs-ornemanistes	3 42	4 95	4 »	7 »	45	75
Selliers.	2 14	3 36	4 »	5 »	57	25
Serruriers.	2 16	3 47	4 »	6 50	61	62
Tailleurs d'habits.	1 95	3 21	3 »	5 »	64	67
Tailleurs de pierres . . .	2 39	3 87	5 »	8 »	62	60
Tanneurs.	2 01	3 26	3 75	5 »	62	33
Tapissiers.	2 39	3 72	4 »	5 »	55	25
Teinturiers.	1 91	3 05	3 50	4 50	60	29
Terrassiers.	1 57	2 80	3 »	5 »	78	67
Tisserands	1 43	2 52	3 »	3 85	76	28
Tonneliers	1 98	3 23	4 25	5 »	65	18
Tourneurs sur bois. . . .	1 94	3 23	4 »	5 »	66	25
Tourneurs sur métaux..	2 52	3 89	5 »	7 »	54	40
Vanniers	1 80	2 92	3 75	4 50	62	20
Vidangeurs.	2 »	3 25	4 50	5 »	67	11
Vitriers	2 06	3 17	3 75	5 50	57	47
Moyennes générales. . . .	2 06	3 37	3 81	5 66	64	48

Nous devons faire à ces chiffres, au moins en ce qui concerne l'industrie parisienne, quelques rectifications, indiquées par les résultats de l'enquête sur la crise industrielle en 1884. Nous y voyons que les charpentiers, par exemple, payés à raison de 0 fr. 80 à 0 fr. 90 l'heure, gagnent au moins 8 fr.; les scieurs de long (de 0 fr. 60 à 0 fr. 70) gagnent de 6 à 7 fr. en été, au lieu de 5 fr.; les ornemanistes, 9 fr. au lieu de 7 fr.; les peintres en bâtiment, 7 fr. 50 à 8 fr. au lieu de 7 fr., au moins pendant l'été; les plombiers, 7 fr. 50 au lieu de 6 fr.; les terrassiers, 6 fr. au lieu de 5 fr.; les imprimeurs, cotés à 6 fr. 50 en 1880, gagnent, en 1884, 7 à 8 fr. pour les compositeurs et conducteurs, et, dans les journaux, 9 à 12 fr.; les ouvriers tapissiers, qui gagnaient 5 fr. en 1880, reconnaissent, en 1884, que les bons d'entre eux en gagnent 9. Les salaires ont donc notablement haussé, à Paris, de 1880 à 1884.

Une hausse analogue s'est manifestée dans d'autres professions, qui ne figurent pas dans les tableaux de la statistique de la France et dont les représentants ont été entendus dans l'enquête dont il vient d'être parlé. Ainsi, les ouvriers marbriers gagnaient, en 1884, de 7 à 8 fr. au

lieu de 6 à 7 fr.; les ouvriers boutonniers gagnaient 6 fr. 50 au lieu de 4 fr. en 1848; les
ouvriers parqueteurs avaient 180 fr. par mois,
au lieu de 150 fr. six ans auparavant; dans les
fabriques de produits chimiques, l'augmentation
était d'un cinquième depuis 1870.

Les moyennes qui se dégagent du tableau qui
précède prouvent que les salaires, dans les
départements, ont augmenté de 64 % de 1853
à 1881, et les salaires de Paris, de 48 % de
1853 à 1880; mais, si l'on tient compte de
l'augmentation notable qui s'est produite à Paris
de 1880 à 1884, on demeure convaincu que la progression des salaires parisiens n'est pas moindre
que celle des salaires de province, si même elle
n'est supérieure. M. Dietz-Monnin, président de la
Chambre de commerce de Paris, disait dans sa déposition devant la Commission d'enquête sur la crise
industrielle : « *J'estime que depuis 30 à 40 ans*
» *l'augmentation de la main-d'œuvre peut se chif-*
» *frer par 60 % au bas mot.* » On chercherait
vainement ailleurs un témoignage plus compétent.

L'écart entre le salaire moyen en province,
3 fr. 37, et le salaire moyen à Paris, 5 fr. 66,
est de 2 fr. 29; mais cet écart s'est certainement
accentué depuis 1880.

Il est remarquable que les salaires des différentes professions soit en province, soit à Paris, sont loin d'avoir augmenté dans la même proportion ; mais c'est surtout à Paris que ces différences sont sensibles. Ainsi, tandis que les salaires de certaines professions ont augmenté de 100 %, comme celles de perruquiers-coiffeurs, de menuisiers, de briquetiers-tuiliers, et même plus, comme celle d'ébénistes (114 %), d'autres n'ont bénéficié que d'une hausse presque insignifiante, comme les salaires des potiers (14 %), des cordonniers (17 %), des tonneliers (18 %). Les professions dans lesquelles les salaires parisiens se sont le plus élevés, soit d'une manière absolue, soit d'une manière relative, sont toutes celles qui touchent à la construction, maçons de toute sorte, charpentiers, couvreurs, ébénistes, menuisiers, peintres, sculpteurs ornemanistes, serruriers, etc. Si l'on réfléchit que la hausse considérable des salaires dans ces professions a coïncidé avec un afflux très important des ouvriers de la province et même des ouvriers étrangers à Paris, on est amené à reconnaître que cette hausse a été un peu anormale, et qu'elle a eu pour cause cette fièvre de construction qui a agité la capitale pendant ces dernières années, et que presque tous les déposants de l'enquête ont signalée comme une des causes les plus actives de la crise actuelle; aussi sont-ce les professions qui sont aujourd'hui le plus atteintes.

On est frappé, d'autre part, du faible taux des salaires dans certaines professions, telles que celles de chaussonniers (2 fr. 25), cordonniers (3 fr. 50), jardiniers (3 fr. 75), tisserands (3 fr. 85), potiers et cordiers (4 fr.). On comprend très bien que les ouvriers qui exercent des métiers exigeant soit une confiance spéciale, soit des talents distingués, comme ceux de bijoutier-orfèvre, de sculpteur ornemaniste, etc., reçoivent un salaire exceptionnellement élevé; on se rend plus difficilement compte de l'énorme différence que révèlent les chiffres entre les salaires de l'ouvrier boucher, charron, chaudronnier, qui gagnent 6 fr., et ceux de l'ouvrier chaussonnier, cordonnier ou jardinier. Cela prouve que, si les salaires ont toujours tendance à s'égaliser dans les différentes professions, il s'en faut que cette tendance se réalise en fait avec une rigueur mathématique.

Si l'on remonte au taux des salaires du commencement du siècle, on trouve des écarts beaucoup plus considérables encore. M. Levasseur, dans son excellente *Histoire des classes ouvrières en*

France depuis 1789 jusqu'à nos jours, nous apprend, d'après les mémoires statistiques du temps, que le salaire moyen, dans les verreries de la Moselle, était de 1 fr.; dans les faïenceries, 0 fr. 75 à 1 fr. 20; dans les forges, 1 fr. 50 à 2 fr. 25; pour les manœuvres, 1 fr.; tandis qu'un graveur gagnait 6 fr. à Besançon; un bon artiste horloger, de 9 à 16 fr., et une simple polisseuse, 4 fr. 50. D'après les *Tableaux détaillés des prix de tous les ouvrages du bâtiment,* par Morisot (1804-1806), les maçons gagnaient depuis 1 fr. 14 pour le garçon de peine, jusqu'à 4 fr. pour le scieur de pierre; les forgerons proprement dits avaient 5 fr., tandis que les garçons de forge n'avaient que 2 fr. 10; les charpentiers avaient 3 fr.; les couvreurs, 5 fr.; les peintres, 4 fr.; les doreurs, 4 fr. 10; les tapissiers, 4 fr.; les marbriers, de 4 à 5 fr. La hausse des salaires a profité surtout à ceux qui occupaient les derniers échelons. A mesure que l'art industriel se développe, les capacités individuelles deviennent plus nombreuses, et la concurrence se manifeste plus vivement dans les emplois exigeant un talent supérieur, là où auparavant existaient de véritables monopoles de fait; par l'effet de la même évolution, les emplois inférieurs sont moins encombrés et les inégalités diminuent.

L'écart que nous avons signalé entre les salaires moyens de la province et ceux de Paris se retrouve, avec des différences en plus ou en moins, dans la plupart des professions. Dans quelques-unes cependant, cet écart est très faible : ainsi les cordonniers, qui ont 3 fr. 05 en province, n'auraient que 3 fr. 50 à Paris; les jardiniers, 2 fr. 98 en province et 3 fr. 75 à Paris; alors que, dans d'autres métiers, l'écart va du simple au double, et quelquefois au delà : ainsi, les couteliers, 2 fr. 99 en province et 6 fr. à Paris; les maçons, 3 fr. 55 en province et 7 fr. 50 à Paris; les menuisiers, 3 fr. 46 contre 7 fr.; les tailleurs de pierre, 3 fr. 87 contre 8 fr. Ces chiffres tendent à prouver que la différence des salaires entre Paris et la province ne provient pas uniquement de la différence des prix des choses nécessaires à l'entretien de l'ouvrier, et, par conséquent, que les salaires ne suivent pas toujours les oscillations des prix.

Il nous a paru intéressant de prendre un point de comparaison entre les deux dates extrêmes dont nous avons mis les chiffres en parallèle; nous avons choisi l'année 1877, qui marque la fin d'une ère de prospérité industrielle et le commencement de la crise qui sévit encore, ainsi que le commencement des grèves en France. En 1877, le salaire moyen, dans la petite industrie, était de 3 fr. 14, avec une augmentation de 52 % sur le taux de 1853, et une augmentation annuelle de 2.17. En 1881, le salaire moyen était de 3 fr. 37, avec une augmentation de 64 % sur 1853, et une augmentation, depuis 1877, de 2 % par an.

Passons au salaire habituel des femmes, soit en province, soit à Paris. Nous mettrons encore les salaires de Paris et des chefs-lieux de département dans un tableau synoptique.

PROFESSIONS.	SALAIRE MOYEN				AUGMENTATION 0/0	
	EN PROVINCE		A PARIS		EN PROVINCE	A PARIS
	en 1853.	en 1881.	en 1853.	en 1881.		
	fr. c.	fr. c.	fr. c.	fr. c.	fr.	fr.
Blanchisseuses	1 25	1 75	2 50	3 25	40	30
Brodeuses........	0 98	1 70	2 »	4 25	73	112
Corsetières	0 97	1 71	1 50	2 »	76	33
Couturières en robes.	1 08	1 80	1 75	2 »	66	14
Culottières	1 05	1 70	2 50	4 »	62	60
Dentellières.......	1 08	2 06	2 30	3 »	91	30
Fleuristes........	1 33	1 95	2 50	3 »	47	20
Giletières	0 95	1 75	» »	» »	84	»
Lingères..........	0 90	1 58	1 50	2 »	75	33
Modistes..........	1 12	1 66	» »	» »	48	»
Piqueuses de bottines	1 »	1 78	2 50	3 »	78	20
Moyennes générales.	1 07	1 77	2 12	2 95	65	39

D'après ces chiffres, l'augmentation moyenne du salaire des ouvrières en province aurait été légèrement supérieure à celle du salaire des ouvriers, 65 %, au lieu de 64; au contraire, l'augmentation moyenne du salaire des ouvrières de Paris aurait été notablement inférieure à celle du salaire des ouvriers, 39 %, au lieu de 48.

On a souvent discuté les causes de l'infériorité du salaire des femmes. Les principales de ces causes nous paraissent assez faciles à dégager : les femmes ont généralement une puissance productive moindre, leurs emplois sont beaucoup plus restreints, elles ont moins de besoins et sont disposées par cela même à se contenter d'un plus faible salaire, elles sont moins portées à se mettre en grève; souvent la mère de famille accepte un modeste salaire qui complétera celui du mari; peut-être, hélas! faut-il ajouter une autre raison, qui se présente naturellement à l'esprit quand on compare les salaires des femmes dans les grandes et dans les petites villes.

Dans le tableau qui précède, nous trouvons encore des chiffres dignes d'attention, qui prouvent que le salaire est influencé par des causes très multiples. Tandis que le salaire des couturières en robes, des corsetières et des lingères reste, en moyenne, à 2 fr., n'ayant profité de la hausse que dans la proportion de 14 à 33 %, le salaire des brodeuses s'est élevé à 4 fr. 25, avec une augmentation de 112 %. Le salaire des mêmes ouvrières, en province, est de 1 fr. 70 seulement, inférieur à la moyenne, tandis qu'à Paris il dépasse la moyenne de 1 fr. 30. Par contre, les couturières en robes gagnent presque autant en province qu'à Paris, 1 fr. 80 contre 2 fr.; leur salaire, en province, a augmenté de 66 %, et, à Paris, de 14 % seulement. Demandez à une maîtresse de maison la raison de ces différences, et elle vous dira que la broderie à Paris coûte trois fois plus cher qu'ailleurs, qu'à Nancy, par exemple, dont c'est la spécialité; mais que, d'un autre côté, elle y est tout particulièrement soignée. Les hauts salaires des brodeuses à Paris peuvent donc s'expliquer et par les hauts prix de la broderie, et parce que les brodeuses de Paris sont des ouvrières de choix.

Avant de passer aux salaires de la grande industrie, il nous paraît intéressant de comparer les salaires de quelques professions de la petite industrie sur différents points du territoire. Nous allons rencontrer des différences souvent énormes; sans entrer dans les détails, signalons quelques-uns des écarts les plus frappants. Prenons quelques points de comparaison, la grande et la petite ville : Lille et Arras, Nancy et Bar-le-Duc, Marseille et Gap, Bordeaux et Périgueux, Rennes et Saint-Brieuc, Caen et Saint-Lô, et constatons les différences de salaires dans quelques-unes des principales industries, en 1881.

SALAIRE MOYEN DES

Villes	Bijoutiers-orfèvres fr.	c.	Carrossiers fr.	c.	Charpentiers fr.	c.	Cordonniers fr.	c.	Couteliers fr.	c.	Couvreurs fr.	c.	Ébénistes fr.	c.	Forgerons fr.	c.
Lille......	4	»	4	50	4	»	3	25	3	15	4	»	4	»	4	15
Arras.....	4	50	4	»	3	50	3	»	3	»	4	»	3	25	5	»
Nancy....	3	»	2	75	3	50	2	75	2	75	2	75	3	»	3	»
Bar-le-Duc	»	»	3	»	3	»	3	»	3	50	4	»	3	»	4	»
Marseille..	4	»	5	»	6	»	4	»	5	»	6	»	5	»	6	»
Gap......	3	50	3	»	4	»	2	75	2	85	4	»	3	50	2	75
Bordeaux .	5	»	4	50	4	50	4	»	3	50	5	»	5	»	5	»
Périgueux.	2	50	3	»	2	50	2	»	2	25	2	50	3	50	3	»
Rennes....	5	50	4	50	3	35	3	»	2	50	3	50	3	50	4	»
St-Brieuc..	3	50	3	»	3	»	2	»	2	»	2	50	2	75	2	75
Caen......	4	25	4	»	4	»	3	50	3	»	3	50	3	50	4	»
Saint-Lô..	2	25	2	50	3	»	2	25	2	»	3	»	3	»	2	75
Paris.....	7	»	6	»	7	85	3	50	6	»	7	35	7	50	7	»

Villes	Imprimeurs fr.	c.	Maçons fr.	c.	Menuisiers fr.	c.	Peintres en bâtiment fr.	c.	Terrassiers fr.	c.	Blanchisseuses fr.	c.	Brodeuses fr.	c.	Couturières fr.	c.	Lingères fr.	c.
Lille......	4	»	3	50	3	75	3	30	3	»	1	85	2	50	1	95	1	75
Arras.....	3	»	3	15	3	»	3	»	3	»	2	»	2	50	2	50	1	75
Nancy....	2	75	3	»	2	75	2	75	2	75	2	»	2	»	2	25	1	25
Bar-le-Duc	3	50	4	»	3	»	3	50	3	»	1	85	»	»	2	25	1	50
Marseille..	5	50	4	25	4	50	4	50	2	75	1	75	1	50	2	»	1	50
Gap......	3	»	4	»	3	»	4	50	2	50	1	75	2	25	2	25	1	50
Bordeaux .	5	»	5	»	4	»	4	50	3	75	2	»	2	»	1	75	1	50
Périgueux.	3	»	2	»	2	50	2	50	2	50	1	»	1	»	1	60	1	»
Rennes....	4	50	3	50	3	50	3	50	2	50	1	25	1	50	1	75	1	50
St-Brieuc..	3	»	2	50	3	»	2	50	1	75	1	25	»	»	1	25	1	25
Caen......	4	»	3	50	3	75	3	50	3	»	1	75	1	»	1	70	1	25
Saint-Lô..	3	»	3	»	3	50	3	»	2	25	2	»	1	»	1	75	1	25
Paris.....	6	50	7	50	7	»	7	»	5	»	3	25	4	25	2	»	2	»

Ce tableau comparatif suggère de nombreuses réflexions. Voici deux grands centres, Marseille et Bordeaux, dont les salaires sont généralement égaux; cependant, on y trouve, dans quelques professions, des différences sensibles et en sens inverse. Le bijoutier n'a que 4 fr. à Marseille, et le maçon, 4 fr. 25, tandis qu'à Bordeaux l'un et l'autre ont 5 fr.; le terrassier a 2 fr. 75 à Marseille contre 3 fr. 75 à Bordeaux; par contre, le charpentier n'a que 4 fr. 50 à Bordeaux et 6 fr. à Marseille; le coutelier, 3 fr. 50 au lieu de 5; le couvreur et le forgeron, 5 fr. au lieu de 6. Le salaire exceptionnellement faible des terrassiers à Marseille provient sans doute de la concurrence des ouvriers italiens; mais il est plus difficile d'expliquer les autres différences, dont les exemples pourraient être multipliés. Ainsi, les bijoutiers reçoivent 1 fr. 50 de plus à Rennes qu'à Marseille, tandis que les charpentiers, les couvreurs et les couteliers y reçoivent moitié moins! Les charpentiers et les peintres sont payés 1 fr. de plus à Gap qu'à Bar-le-Duc, alors que les couteliers, les imprimeurs et les forgerons y sont moins payés. Le salaire n'obéit pas à des lois inflexibles, et il est influencé par des causes locales et très diverses, notamment par la coutume.

Ce qui est certain, c'est que le salaire ne dépend nullement du degré de latitude ; car voici trois villes prises aux points extrêmes, Nancy, Périgueux et Saint-Lô, où les salaires sont généralement équivalents. On nous dira peut-être qu'on ne peut pas mettre ces trois villes en parallèle, et que le taux des salaires d'une grande ville comme Nancy prouve une dépression des salaires dans la région de l'Est. Cependant, il n'en est point ainsi, et ce n'est point sans étonnement que nous avons trouvé les salaires à Bar-le-Duc notablement plus élevés qu'à Nancy. Doit-on attribuer la dépression des salaires dans cette dernière ville au développement considérable qu'elle a pris dans ces derniers temps par suite de l'émigration des pays annexés et à la concurrence plus active des bras dans une population subitement accrue ? L'explication paraît assez vraisemblable. Quoi qu'il en soit, il faut signaler une exception très honorable pour Nancy, relativement au salaire des femmes. Ce salaire y est plus élevé que dans n'importe quelle ville, sauf Arras et sauf Paris bien entendu : encore est-il à noter que les couturières reçoivent plus à Nancy qu'à Paris ! Il est remarquable que, dans presque toutes les petites villes, les salaires des femmes sont généralement supérieurs à ce qu'ils sont dans les grandes villes. A Gap, où les salaires sont bas, les femmes gagnent généralement plus qu'à Marseille et à Bordeaux! Il serait difficile de voir là un indice de moralité dans les grandes villes!

Constatons encore, avant de quitter ce tableau comparatif, qu'il nous offre l'exemple de salaires variant du simple au double dans la même région. Que l'on compare les salaires de Bordeaux et ceux de Périgueux, et l'on y trouvera le plus souvent cet écart.

Le volume de la statistique de la France pour 1881 contient, pour la première fois, le relevé des salaires dans la grande industrie (à l'exception des industries extractive et métallurgique) : il ne faut donc pas chercher là de point de comparaison dans le passé. D'après cette statistique, qui porte sur trente-deux industries, le salaire moyen des ouvriers proprement dits serait : pour les hommes, dans le département de la Seine, 5 fr. 27, et, dans les autres départements, 3 fr. 54; pour les femmes, dans le département de la Seine, 2 fr. 67, et 1 fr. 76 dans les autres départements. Arrêtons-nous seulement un instant, pour constater, en prenant le salaire des simples manœuvres, celui qui se ressemble le plus en tous lieux, des différences non moins considérables que celles que nous avons vues dans la petite industrie. Dans les scieries de marbre et de pierre, le manœuvre reçoit : 1 fr. 50 dans les Côtes-du-Nord; 1 fr. 75 dans la Haute-Saône; 2 fr. dans le Finistère; 2 fr. 50 dans l'Ain, l'Aveyron, la Drôme, etc.; 3 fr. dans l'Aisne, les Alpes-Maritimes, l'Ardèche, la Côte-d'Or, l'Eure-et-Loir, etc.; 4 fr. dans l'Ariège, l'Aude; 4 fr. 25 dans le Loir-et-Cher. Voilà un salaire qui varie, suivant les lieux, presque dans la proportion du simple au triple! Dans les tuileries et briqueteries, nous voyons encore les salaires des simples manœuvres varier entre 2 fr. (Côte-d'Or, Finistère, Vienne, etc.); et 4 fr. (Seine-Inférieure, Seine-et-Oise), etc.; 4 fr. 25 (Rhône); 4 fr. 50 (Bouches-du-Rhône). Dans les verres et cristaux, les salaires varient entre 2 fr. (Ille-et-Vilaine, Landes), et 5 fr. (Seine-et-Oise), tandis que, dans la Seine, le salaire n'est que de 4 fr.). Il serait inutile de multiplier ces exemples.

Les points de comparaison que nous ne trouvons pas dans la statistique de la France nous sont fournis, en ce qui concerne la filature et le tissage, par un document qui doit inspirer toute confiance, une enquête minutieuse faite, en Alsace, par la Société industrielle de Mulhouse. Comme le fait remarquer M. Charles Grad, rapporteur du comité de statistique de cette société, les chiffres consignés dans cette enquête ont été relevés sur les feuilles de paie et présentent plus de garantie que les renseignements sur les salaires recueillis par voie administrative.

Au commencement de ce siècle, alors que le coton se filait encore à la main, une femme occupée à ce travail gagnait, au plus, 0 fr. 40 par jour, et le filage d'une livre de coton ou de fil commun revenait à 18 sous. Aujourd'hui, la journée de l'ouvrier fileur atteint, en Alsace, de 3 fr. 50 à 4 fr. 50; celle des femmes occupées dans les filatures, de 1 fr. 50 à 2 fr. 50.

Voici, du reste, le tableau des salaires payés dans la filature, à Mulhouse, de 1835 à 1880 :

EMPLOIS.	1835	1845	1855	1865	1880	Augmentation pour 100
	fr. c.	fr. c.	fr. c.	fr. c.	fr. c.	
Contre-maîtres...	2 91	3 50	4 37	4 58	6 25	115
Régleur........	1 88	2 30	2 17	2 88	3 50	86
Graisseur.......	1 50	1 80	1 58	2 50	3 10	107
Sellier.........	1 50	1 83	2 42	2 50	4 »	160
Batteur (femmes).	» 96	1 04	1 06	1 33	1 70	77
Cardes, réparateur.	1 33	1 42	2 83	2 22	2 70	103
Cardes, soigneuse.	» 87	1 »	1 01	1 31	1 60	81
Fileur à bras....	1 75	2 60	3 75	4 12	» »	113
Fileur automate..	» »	» »	2 50	3 52	4 25	143
Rattacheur......	» 65	» 75	1 25	1 42	2 30	256

Si nous considérons l'augmentation du salaire depuis 1855, comme nous l'avons fait depuis 1853 pour les ouvriers de la petite industrie, nous trouvons dans ces divers emplois des augmentations variant de 43 °/₀ à 96 °/₀, dont la moyenne, sans être sensiblement différente de celle de l'augmentation des salaires dans la petite industrie, semble plutôt supérieure.

L'industrie de la filature étant une de celles qui se plaint le plus vivement de la concurrence étrangère, il nous a paru intéressant de comparer l'augmentation des salaires de cette industrie dans la période 1835-1855 avec l'augmentation de la période 1855-1880, à raison des traités de commerce de 1860. En laissant de côté le réparateur de cardes, dont le salaire aurait baissé par des causes que nous ignorons, et les salaires où les termes de comparaison font défaut, voici quelle a été la progression des salaires dans les deux périodes :

Professions.	Augmentation p. 100.	
	1835-1855	1855-1880.
Contre-maîtres	50	43
Régleur	15	64
Graisseur	5	96
Sellier	61	65

Professions.	*Augmentation p. 100.*	
	1835-1855	1855-1880.
Batteur (femmes).	10	60
Cardes (soigneuse)	16	58
Rattacheur	92	84

On voit que le mouvement de hausse des salaires a été généralement plus rapide dans la période 1855-1880 que dans la période 1835-1855.

Passons aux salaires des ouvriers des mines. Nous trouvons des documents précis dans la déposition de M. Ledoux, ingénieur des mines, représentant la Compagnie d'Anzin devant la Commission d'enquête sur la crise industrielle.

A Anzin, le salaire moyen par jour des ouvriers mineurs était :

En 1860 : 3 fr. 18	En 1881 : 4 fr. 27
— 1869 : 3 fr. 67	— 1882 : 4 fr. 41
— 1879 : 4 fr. 07	— 1883 : 4 fr. 52
— 1880 : 4 fr. 23	

C'est une augmentation de 42 % de 1860 à 1883.

Mais il ne faut pas oublier que l'ouvrier des mines jouit de certains avantages très appréciables, inconnus des ouvriers de la petite industrie :

« Ces chiffres, nous dit M. Ledoux, représentent

» le salaire net que touche l'ouvrier; celui-ci ne
» supporte aucune retenue, ni pour la caisse de
» secours, ni pour la retraite; il jouit des soins
» gratuits du médecin et des médicaments pour lui
» et sa famille, du chauffage gratuit et d'un loyer
» à prix réduit. L'ensemble de ces avantages re-
» présente une augmentation d'environ 8 % sur
» le prix de la journée. »

Il est assez curieux de mettre en regard des
salaires du mineur français, qui ont toujours été
en augmentant, ceux de l'ouvrier des houillères
du Hainaut, qui ont été soumis à toutes les fluctuations du commerce et des prix de vente : c'est
toujours M. Ledoux qui nous fournit ces chiffres.
En 1873, l'année de la grande hausse du charbon,
le prix moyen de la journée de l'ouvrier était
de . . . . 4 fr. 69

En 1874 . . . . 3 fr. 98
— 1875 . . . . 3 fr. 93
— 1876 . . . . 3 fr. 45
— 1877 . . . . 2 fr. 77
— 1878 . . . . 2 fr. 77
— 1879 . . . . 2 fr. 68
— 1880 . . . . 3 fr. 06

Ainsi, tandis que le salaire de l'ouvrier mineur
haussait en France, il baissait en Belgique, au

point de n'être plus guère, en 1879, que la moitié de ce qu'il était en 1873, et de rester de plus de 50 %, au-dessous du salaire des ouvriers d'Anzin ! Cette comparaison prouve bien évidemment que le taux des salaires peut être influencé par des causes très diverses.

Le volume de la statistique de la France pour 1881 nous permet encore de constater la progression des gages des domestiques, en province, de 1853 à 1881. Le salaire moyen des domestiques mâles, attachés au service de la personne, s'est élevé de 222 fr. à 415 fr., soit une augmentation de 87 %; les gages des femmes attachées au service de la personne se sont élevés de 163 fr. à 308 fr. avec une augmentation de 89 %; ceux des cuisinières, de 190 fr. à 332 fr., augmentation, 74 %; enfin, ceux des bonnes faisant les deux services à la fois ont monté de 181 fr. à 344 fr., soit 90 % d'augmentation. On voit que les domestiques ont profité de la hausse des salaires dans une plus large mesure que la généralité des salariés. Faut-il attribuer cela aux idées modernes d'égalité et d'indépendance, qui auraient restreint la concurrence dans la catégorie des domestiques, en poussant les bras vers d'autres emplois ? Peut-être; et puis la position de domestique était autrefois plus stable et plus considérée qu'elle ne l'est aujourd'hui; le domestique, homme ou femme, faisait partie de la famille; il ne la quittait plus quand il y était entré; son avenir était certain et il était rassuré sur ses vieux jours; il pouvait se contenter d'un moindre salaire. Aujourd'hui, les mœurs sont bien changées, et nul ne soutiendra que ce soit en mieux! C'est là, plus que dans toute autre condition, qu'il nous est donné de constater de près les effets de la démoralisation qui, partie d'en haut, a pénétré les couches les plus profondes de notre société moderne.

En même temps que les salaires augmentaient dans les proportions que l'on a vues, la durée de la journée de travail diminuait.

Voici quelle était, d'après les dépositions de l'enquête sur la crise industrielle, la durée du travail à Paris dans les principales professions.

PROFESSIONS.	NOMBRE D'HEURES	
	EN ÉTÉ.	EN HIVER.
Boulangers, porcelainiers, fumistes..................	11	8
Menuisiers, parqueteurs, carrossiers, ornemanistes, encadreurs, ouvriers de l'ameublement, maçons, tailleurs de pierre, carreleurs, puisatiers, marbriers, terrassiers, fondeurs, imprimeurs..................	10	10
Peintres, colleurs de papier.	10	8 à 9
Tapissiers..................	9	9
Couvreurs, plombiers, zingueurs, gaziers..........	9	8

On peut conclure de là que la journée moyenne,
normale ne dépasse pas 10 heures, et s'abaisse
souvent à 8 ou 9 heures en hiver. Il est à peine
besoin de dire que cela ne représente pas 10
heures de travail effectif. Quelquefois, il est vrai,
des heures supplémentaires sont faites, mais presque toujours, nous disent les dépositions de l'enquête, à la demande des ouvriers eux-mêmes :
preuve certaine, pour le dire en passant, que

ceux qui veulent réglementer légalement la durée de la journée de travail attentent à la liberté de l'ouvrier et vont contre ce qu'il estime être son intérêt.

Si l'on calcule sur une durée moyenne de 10 heures, et si l'on retranche 10 heures par jour pour le sommeil et les repas (M. Leroy-Beaulieu, dans son *Essai sur la répartition des richesses,* n'en compte que 9; mais 10 nous paraissent une moyenne plus juste), il reste 4 heures par jour à l'ouvrier pour consacrer à ses loisirs et aux occupations intellectuelles et morales. De la sorte, l'ouvrier (quand il ne fait pas le lundi, déplorable habitude qui s'est, hélas! trop généralisée dans la classe ouvrière) travaille environ 60 heures par semaine. En Angleterre, les Trade's Unions ont, en fait, réduit le travail à 54 et même à 51 heures (9 heures par jour, 6 heures seulement le samedi, dont l'après-midi est consacrée aux soins du ménage); et aujourd'hui les unionistes voudraient réduire la journée de travail à 8 heures[1]. Nous admettons volontiers qu'il puisse y avoir chez nous, dans des temps meilleurs, quelque

---

[1] Le XIXe Congrès des Trade's Unions, réuni à Hull en septembre 1886, a voté, sur la motion de son président, M. Madison, la limitation du travail à 8 heures.

progrès à accomplir. Nous considérons la réduction de la journée de travail comme un bien, à une double condition toutefois : 1° que le temps que cette réduction laissera libre à l'ouvrier sera employé à la culture intellectuelle et morale, aux soins du ménage et aux distractions inoffensives, et non au cabaret, aux cafés-concert et autres lieux de démoralisation ; — 2° que cette réduction ne diminuera pas la productivité du travail, et ne mettra pas les travailleurs de l'Occident dans l'impossibilité de soutenir la concurrence que ne manqueront pas de leur faire, dans un avenir très prochain peut-être, les hommes jaunes, Chinois, Japonais, Indiens, etc., travailleurs infatigables, qui ont déjà fait l'effroi des Américains, et qui feront bientôt peut-être l'effroi des Européens !

Ce n'est pas seulement la durée de la journée de travail, mais le nombre des journées qui a singulièrement diminué. M. Dietz-Monnin, devant la Commission d'enquête sur la crise industrielle, répondait ainsi à M. Brialou : « Les charpentiers » et les menuisiers gagnaient, en 1842, 4 fr. par » jour; en 1852, 5 fr.; en 1862, 6 fr.; en 1872, » 7 fr.; en 1882, 8 fr., et la série de la ville de » Paris compte aujourd'hui la journée à 9 fr.

» Mais ce qui n'est pas moins curieux, c'est la
» statistique de la moyenne du travail fourni dans
» un mois. Je pourrais citer des ateliers où l'ou-
» vrier, autrefois, arrivait à travailler 27 jours
» dans un mois ; *aujourd'hui, c'est à peine s'il*
» *fournit 18 jours.* Vous voyez dès lors quelle
» est la situation du patron : il paie 9 fr. ce qu'il
» payait 4 fr., et il ne peut plus compter que sur
» 18 jours de travail, au lieu d'avoir une pro-
» duction régulière. Dans ces conditions, quel
» est celui qui souffre, quel est celui qui est cou-
» pable? » Et M. Brialou, qui connaît mieux que
personne les ouvriers, de dire : « *Je m'incline*
devant ce qui est la vérité. »

Il est, au reste, quelque chose de plus important encore que la durée du travail, c'est le zèle
du travailleur et la somme d'efforts qu'il fournit.
Or, il est bien difficile de méconnaître que l'ouvrier d'aujourd'hui donne moins que l'ouvrier
d'autrefois.

Tout d'abord, il y a une certaine école parmi
les ouvriers qui limite volontairement et systématiquement la production. C'est un symptôme social
des plus graves, qui nous est révélé par les constatations précises de l'enquête sur la crise industrielle. Écoutons le syndicat des peintres sur por-

celaine : « Nous ne sommes pas partisans de la
» participation aux bénéfices. Si l'ouvrier a un
» avantage aux bénéfices, *il produira plus.....*
» Nous sommes contre le travail aux pièces, cela
» procure un bénéfice immédiat, *mais fournit le*
» *double et dans la suite on éprouve une perte*[1]. »
— Les représentants du syndicat des ouvriers
plombiers, zingueurs, gaziers, disent de même :
« Nous voudrions qu'on ne fît pas d'heures sup-
» plémentaires. Par le système des tâches, qui
» fait travailler des ouvriers 14 et 15 heures,
» ceux-ci produisent en grande quantité et lais-
» sent sur le pavé des camarades moins âpres et
» moins forts... Nous considérons la participation
» aux bénéfices comme une mauvaise chose.
» Quand nous serons dans cette situation-là, nous
» aurons toujours une tendance à devenir patrons.
» *Alors nous nous ferions concurrence,* et il n'y
» aurait aucune solidarité entre nous[2]. » — Voici
un fait caractéristique. La chambre syndicale des
entrepreneurs lithographes affirme que les ouvriers pourraient faire produire aux machines
moitié plus. « Je leur ai demandé, dit le repré-

---

[1] *Procès-verbaux de la Commission d'enquête,* p. 22.
[2] *Procès-verbaux,* p. 49.

» sentant de la chambre syndicale, de faire ce
» que l'on fait à l'étranger; ils m'ont répondu :
» Mettez-vous à notre place; vous avez actuelle-
» ment du travail pour dix machines, à condition
» que vos machines ne produisent que 1,500 de
» tirage par jour. Le jour où elles produiront
» 3,000, la moitié du personnel sera à pied; par
» conséquent, nous ne pouvons pas faire ce que
» vous nous demandez. » — Les mêmes idées
se retrouvent dans tous les corps de métiers.
« Les chambres syndicales, disent les ouvriers
» parqueteurs, devraient être libres de détermi-
» ner, suivant les besoins de la consommation,
» un nombre d'heures maximum qui ne pourrait
» être dépassé par aucun ouvrier, c'est-à-dire
» qu'elles seraient chargées de régler la produc-
» tion suivant les exigences de la consomma-
» tion. » — La chambre syndicale des ouvriers
chaudronniers en cuivre demande « la fixation
» de la journée de travail à 9 heures, jusqu'à ce
» que tous les ouvriers en chômage soient occu-
» pés. »

Cette erreur n'est pas seulement celle des ouvriers français, et tout récemment, dans le XVIIIe
congrès annuel des unionistes anglais, tenu à
Stockport, le président, M. Thralfall, signalait

aux ouvriers anglais, comme but de leur grand effort actuel, la réduction de la journée à huit heures, « mesure qui donnerait de l'ouvrage à » quelques milliers d'ouvriers anglais, qui péris- » sent aujourd'hui d'inanition, eux, leurs femmes » et leurs enfants[1]. » Ceux-là aussi considèrent le travail comme une quantité fixe et déterminée. Il est cependant vraisemblable, si le salaire est à son taux naturel, que les patrons seraient dans la nécessité d'abaisser les salaires en proportion de la diminution du travail !

Rien, nous le démontrerons, n'est plus con- traire à l'intérêt des ouvriers que la diminution systématique de la productivité du travail, et il règne à cet égard dans la classe ouvrière une er- reur qu'il importe au plus haut point de dissiper. Nous croyons cependant qu'il n'y a encore qu'une infime minorité qui agisse ainsi de propos déli- béré. Mais ce que les faits constatés dans les en- quêtes, et que nous pouvons tous les jours obser- ver sous nos yeux, nous obligent d'admettre, c'est que la grande majorité des ouvriers travaillent moins aujourd'hui qu'ils ne faisaient jadis. Sur ce

---

[1] On a vu que cette réduction avait été votée par le XIXe congrès, tenu à Hull en septembre 1886.

point, les témoignages abondent. Ainsi, la chambre syndicale patronale de l'ameublement nous dit que « l'ouvrier aujourd'hui est moins laborieux et ga- » gne davantage[1]. » Le représentant du syndicat des patrons charpentiers nous dit : « Dans notre » temps, nous faisions une somme de travail que » j'évaluerai à 16; aujourd'hui, l'ouvrier gagne » le double et ne produit que 5 »; et il ajoute que « les ouvriers allemands, qui gagnent 2 fr. 50, » produisent sans exagération un tiers, sinon moi- » tié plus que nos ouvriers, qui gagnent 8 fr.[2]. »

On pourrait multiplier ces citations. Qu'elles soient empreintes de quelque exagération, nous voulons bien l'admettre; l'ancien est, par nature, *laudator temporis acti*, et puis, les vieux ouvriers qui sont devenus patrons étaient évidemment l'é- lite des ouvriers de leur temps, ce qui peut rendre leur jugement plus sévère. Cependant, il ne fau- drait jamais avoir observé l'ouvrier de nos jours travaillant dans les différents métiers pour mé- connaître la grande part de vérité que contiennent ces critiques. Il est malheureusement trop vrai que, sauf de rares exceptions, les ouvriers de nos

[1] *Procès-verbaux de l'enquête sur la crise industrielle*, p. 99.

[2] *Procès-verbaux*, p. 47.

jours travaillent le moins qu'ils peuvent, et il est malheureusement certain (une foule de témoignages dans l'enquête en font foi) qu'ils laissent acquérir à cet égard aux ouvriers étrangers une supériorité bien dangereuse.

La chose est si certaine, que les représentants les plus complaisants des ouvriers eux-mêmes ne peuvent la nier. Un passage nous a frappé dans la déposition de MM. Joffrin, Labusquière et Allemane devant la Commission d'enquête sur la crise industrielle. A trois reprises différentes, M. Frédéric Passy leur pose cette question catégorique, constamment éludée : « Est-il vrai, comme cela » nous a été affirmé à plusieurs reprises, que l'ou- » vrier aujourd'hui travaille moins qu'autrefois, » bien qu'il reçoive un salaire supérieur? » Enfin, comme l'interrogateur est tenace, il faut bien répondre. Savez-vous ce que répond M. Allemane? « Qu'il y a dégénérescence de notre vieille race » gauloise, que la taille diminue, et que les hommes » ne se développent pas comme ils se dévelop- » paient autrefois. » — C'est possible; mais, de bonne foi, la réponse est-elle satisfaisante?

Malheureusement, ce mal est beaucoup plus difficile à combattre que le préjugé que nous avons trouvé d'abord dans l'esprit d'un certain nombre d'ouvriers; car il tient à des causes morales sur lesquelles il est plus difficile d'agir. Les principales de ces causes sont, ce nous semble, le développement des besoins de luxe chez l'ouvrier, et aussi, il faut bien le dire, l'affaissement du sentiment du devoir et de la conscience.

Il est beaucoup plus aisé de redresser les erreurs du jugement que de relever la moralité générale. On peut espérer démontrer aux ouvriers qu'ils se trompent en considérant le travail disponible comme une quantité déterminée qu'ils auraient à ménager et à se partager, sans que leur rémunération dépende de l'effort accompli. On peut espérer leur faire comprendre que le travail, ou la production, dépendant de la consommation, est, comme elle et avec elle, susceptible d'une expansibilité indéfinie; que, quand il vient à se restreindre ou à manquer dans une branche de l'industrie, c'est par l'effet d'un défaut d'équilibre, d'une crise, qui s'impose aux patrons comme aux ouvriers et qui affecte en même temps les uns et les autres; que c'est précisément dans ce temps de souffrance qu'il est nécessaire que le travail acquière la plus grande productivité pour diminuer ces souffrances, dût le nombre des travailleurs être restreint dans la branche en souffrance; qu'enfin la pression de la concurrence impose aux entrepreneurs des nécessités impérieuses, qu'il faut savoir apprécier.

Mais la masse des ouvriers n'agit pas d'après des théories préconçues, elle agit d'après sa moralité. Or, c'est une œuvre difficile et de longue haleine que de restaurer les mœurs d'une société, difficile surtout quand le mal a exercé tout d'abord ses ravages chez ceux-là mêmes qui devraient être les éducateurs naturels du peuple.

Nous avons vu que la première proposition de Ricardo a été démontrée fausse par les faits : loin de baisser, le salaire de l'ouvrier a haussé dans des proportions considérables. Voyons si le prix des subsistances a augmenté dans la même proportion.

CHAPITRE II.

Le prix des subsistances.

On a vu que les salaires ont augmenté, depuis la moitié de ce siècle, dans une proportion de 60 à 65 %. Cependant, comme ce n'est là qu'une moyenne, et pour tenir compte du mouvement de recul qui s'est produit dans ces derniers temps, nous évaluerons l'augmentation à 50 % pour la généralité des salaires, certain d'être plutôt au-dessous qu'au-dessus de la vérité. Dans quelles proportions le prix des subsistances que consomme l'ouvrier a-t-il augmenté?

Un socialiste, M. Lyonnais, a donné, dans l'enquête sur la crise industrielle[1], un tableau qui fait ressortir la dépense d'un ménage de quatre

---

[1] *Procès-verbaux*, p. 107.

personnes à 2,022 fr. Les chiffres de ce tableau n'ont qu'un défaut, c'est d'être absolument arbitraires. C'est sur des faits précis qu'il faut baser de semblables chiffres. Pour établir le budget d'un ménage d'ouvriers, nous avons puisé à deux sources sûres : les monographies de M. Le Play, et, plus récemment, l'enquête décennale faite par la Société industrielle de Mulhouse en 1878.

La Commission chargée de cette enquête a étudié en détail seize familles d'ouvriers chargées d'enfants en nombre plus ou moins considérable, pouvant représenter la situation moyenne des ouvriers occupés dans les manufactures, et l'on a constaté que le logement représente, en moyenne, 15 $\%$ de la dépense d'une famille d'ouvriers; le vêtement, 16 $\%$; la nourriture 61 $\%$ et les dépenses diverses, instruction, soins médicaux, etc., 8 $\%$. L'on a, de plus, décomposé les dépenses de nourriture, et l'on a trouvé que, sur le total, le pain représente de 25 à 48 $\%$, suivant le degré d'aisance de la famille (bien entendu, ce sont les familles les plus pauvres qui mangent le plus de pain, parce qu'elles mangent moins de viande), en moyenne, 33 $\%$; la viande représente de 4 à 28 $\%$, en moyenne, 14 $\%$; le lait représente, en moyenne, 13 $\%$; l'épicerie 24 $\%$, et les divers, 16 $\%$.

Nous avons comparé ces moyennes avec celles qui résultent des chiffres des budgets de quelques-unes des familles décrites en France dans *Les ouvriers européens*, et nous avons trouvé une concordance assez générale; toutefois, dans les familles ouvrières de Paris, la nourriture et le logement représentent un chiffre légèrement supérieur : la nourriture varie de 64 à 70 %, et l'habitation, de 17 à 20 %; par contre, les dépenses diverses, si ce n'est pour ceux qui font des consommations de luxe, se réduisent à fort peu de chose. Voici le budget d'un manœuvre de Paris, à famille nombreuse, en 1860, où les dépenses diverses se réduisent à 9 fr. 30 (intérêts de sommes avancées par le Mont-de-piété) sur un total de 1,994 fr. 25 : l'instruction et le service de santé sont gratuits.

Ces données, basées sur des faits positifs, sont précieuses pour apprécier la situation de l'ouvrier. Or, comme le fait très justement remarquer M. Leroy-Beaulieu dans son *Essai sur la répartition des richesses*, il y a deux articles qui n'ont certainement pas augmenté de prix depuis un demi-siècle : ce sont le vêtement et les dépenses diverses. L'instruction est partout gratuite; le service médical, presque partout; ce sont les deux plus gros articles des dépenses diverses. Quant au vêtement, les prix des tissus sont aujourd'hui bien inférieurs à ceux d'autrefois, et les grands magasins de confection livrent des vêtements pour toutes les classes à des prix considérablement réduits. Le pain non plus n'a pas augmenté de prix depuis un demi-siècle : le prix du blé est tombé aujourd'hui aussi bas que jamais. Voici, d'après les recherches de M. de Foville sur les variations des prix quel a été le prix du blé depuis le commencement du siècle jusqu'en 1870 :

En 1801 : 22 fr. 19	En 1840 : 21 fr. 84
— 1810 : 20 fr. 26	— 1850 : 14 fr. 32
— 1820 : 19 fr. 13	— 1860 : 20 fr. 24
— 1830 : 22 fr. 39	— 1870 : 20 fr. 50

Aujourd'hui, le prix oscille entre 16 et 17 fr.! Or, le pain, qui n'a pas augmenté de prix, représente, nous l'avons vu, 33 $\%$ en moyenne des dépenses de nourriture, soit 20 $\%$ de la totalité des dépenses de la famille, dans lesquelles la nourriture entre pour 61 $\%$. Cela fait donc : 8 $\%$ (dépenses diverses) $+$ 16 $\%$ (vêtement) $+$ 20 $\%$ (pain), soit, en tout, 44 $\%$ des dépenses de l'ouvrier, c'est-à-dire près de la moitié, qui n'a pas augmenté de prix, qui même a généralement diminué. Dans quelles proportions les autres dépenses ont-elles augmenté ?

La viande a augmenté d'environ 60 %; on sait qu'elle représente 14 % de la dépense de nourriture. Il est assez difficile de dire dans quelle proportion l'épicerie a augmenté : toujours est-il qu'un des principaux articles, le sucre, a diminué notablement depuis le commencement du siècle : aujourd'hui, il se vend 1 fr. 10 le kil., au lieu de 3 à 4 fr. Le lait, quoiqu'il n'ait fait que remonter au prix du commencement du siècle, a augmenté de 25 % depuis 1850, et le beurre de 50 %. Le vin a augmenté peut-être de 100 %; mais il ne tient qu'une petite place dans le budget de l'ouvrier, et encore pas de tous. La nourriture, déduction faite du pain, que nous avons compté, représente environ 40 % des dépenses de l'ouvrier. Il est assez problématique de chiffrer l'augmentation qu'a pu subir, dans son ensemble, cet élément de dépense : en l'estimant à 40 %, nous croyons être au-dessus de la vérité.

Enfin, les loyers, qui représentent 15 % de la dépense, ont certainement augmenté, surtout dans les grandes villes. Un homme très compétent, M. Grosclaude, président de la chambre syndicale des entrepreneurs de démolition, évaluait, devant la Commission d'enquête sur la crise industrielle, cette augmentation à 20 ou 25 $\%$: une chambre de 100 fr. autrefois se loue 120 fr. et un logement de 300 fr. se loue 350 ou 400 fr. au maximum. Prenons une augmentation de 25 $\%$, et admettons, ce qui n'est pas, que cette augmentation se soit produite partout.

Voilà des chiffres qui peuvent être contestés, mais qui ont été puisés aux sources les plus sûres et les plus dignes de foi, en dehors de tout esprit de parti. Qu'en résulte-t-il? Que près de la moitié des dépenses d'un ménage d'ouvriers, 44 $\%$, non seulement n'a subi aucune augmentation, mais a généralement diminué; et qu'un peu plus de la moitié de ces dépenses, 56 $\%$, a augmenté de prix dans une proportion de 40 $\%$ pour les deux tiers (la nourriture) et de 25 $\%$ pour l'autre tiers (le logement)

Si les salaires ont augmenté de plus de 50 $\%$, tandis que la moitié seulement des dépenses de l'ouvrier a augmenté de prix, et dans une proportion notablement inférieure, il est manifeste que la condition des salariés s'est améliorée !

CHAPITRE III.

Les consommations des ouvriers.

Ce qui le prouve, à n'en pas douter, et mieux que des chiffres toujours contestables, c'est que les ouvriers consomment aujourd'hui les choses nécessaires en plus grande quantité qu'autrefois, et font beaucoup de consommations de luxe inconnues jadis : c'est un fait qui saute aux yeux de tous. Que l'on cherche aujourd'hui le type de quelques-unes de ces familles décrites dans *Les ouvriers européens* avant 1860 : de cette famille d'ouvrier-manœuvre à Paris, ou de cette autre de débardeur de la banlieue[1], dont l'alimentation journalière se composait de soupe et de légumes, sur la table de laquelle la viande n'ap-

---

[1] *Les ouvriers européens*, t. VI.

paraissait qu'une fois par semaine, quelquefois chaque quinzaine, et qui buvait de l'eau, sauf les jours de fête; nous ne croyons pas que ce type se retrouve aujourd'hui. Déjà cependant, à cette époque, les ouvriers parisiens se nourrissaient mieux que la généralité des salariés. Et il n'est peut-être pas inutile de jeter un coup d'œil sur quelques-unes de ces familles décrites dans les monographies de M. Le Play vers 1850, pour les comparer, au point de vue du confort, avec ce que nous voyons aujourd'hui. Il ne faut rien négliger pour convaincre les déclamateurs socialistes, s'ils sont susceptibles d'être convaincus, que la condition des classes laborieuses s'est améliorée et qu'elle s'améliore; non pas certes pour en conclure que tout est pour le mieux dans le meilleur des mondes et que les ouvriers doivent s'estimer heureux de leur sort; mais, au contraire, pour leur rendre l'espoir et le courage.

La famille du cordier de la Basse-Bretagne, observée en 1851[1], se nourrit de soupe au pain d'orge, de bouillie et de crêpes de sarrasin, enfin de pain mangé avec des pommes de terre, du lait et du beurre. La viande, le cidre et l'eau-de-vie

---

[1] *Les ouvriers européens*, t. IV.

n'apparaissent sur la table que dans les grandes occasions; l'habitation, formée seulement d'un rez-de-chaussée, ne comprend souvent qu'une seule pièce, où la famille se tient avec les deux vaches; les offices religieux et surtout la fête du patron de la paroisse sont la principale diversion aux travaux ordinaires de la famille.

Voici un mineur de Pontgibaud, dans l'Auvergne, avec sa femme et ses quatre enfants : nous sommes en 1850 [1]. La soupe, faite de pain de seigle et d'eau, forme le principal aliment de la famille. Le matin, à cinq heures, avant de partir pour la mine, l'ouvrier mange la soupe et un morceau de pain; il en emporte un autre, qui fera son second déjeuner; de la soupe, du pain, un morceau de fromage ou des œufs pour son dîner. Le soir, on mange en famille de la soupe, du pain et un peu de fromage; quelquefois, à la place de soupe, des pommes de terre, ou des œufs, ou une salade; dans la saison, un fruit. On mange de la viande six fois par an, les jours de fête. L'habitation se compose de deux pièces, une chambre à feu et une seconde pièce employée comme bûcher, comme magasin de provisions et

---

[1] *Les ouvriers européens*, t. V.

comme étable. Les récréations de la famille ne donnent lieu à aucune espèce de dépense.

Voici encore un manœuvre-agriculteur du Morvan (Nivernais), avec sa femme et ses quatre enfants, observé de 1839 à 1855[1]. La nourriture de cette famille se compose de pain et de pommes de terre, remplacées quelquefois au dîner par de la salade; quelquefois, en hiver, on mange, au lieu de soupe, une bouillie d'avoine ou de farine de sarrasin. On ne mange de viande que le jour de la fête patronale de la commune. La chaumière comprend deux pièces : l'une pour la cuisine et les repas; l'autre pour le coucher, et dans laquelle les trois lits des parents, du garçon et des filles sont presque contigus. La principale récréation de la famille est le repas fait le jour de la fête patronale de la commune, et dans lequel, une seule fois par an, entre un peu de viande et de vin. L'ouvrier seul va quelquefois aux foires ou marchés voisins.

La famille du tisserand de Mamers, en 1850[2], se nourrit principalement de pain sans aucun assaisonnement, ou avec addition d'un peu de beurre,

[1] *Les ouvriers européens*, t. V.
[2] *Les ouvriers européens*, t. VI.

de fromage ou de hareng salé. Elle ne mange de la viande que les jours de fête et ne consomme régulièrement à la maison aucune boisson fermentée; cependant, déjà, l'ouvrier prend quelquefois le matin un petit verre d'eau-de-vie. Il y a là six personnes : le père, la mère et quatre enfants, et la dépense totale de nourriture s'élève par an à 350 fr. !

Notez que ce ne sont pas là des exceptions : tout cela a été choisi comme le type le plus exact des ouvriers de la région. N'est-on pas heureux de constater que l'ouvrier est aujourd'hui incomparablement mieux nourri et mieux logé qu'il ne l'était il y a trente ans? Et qui donc peut contester sérieusement un fait aussi évident? Reportons-nous aux tableaux que nous ont laissés, sur l'état des ouvriers vers 1840, les historiens de l'industrie, Villermé, par exemple : « Pour diminuer le poids » du loyer, les ouvriers s'entassaient dans des » bouges infects, sans air et sans soleil; les fa- » milles y croupissaient dans l'ordure, sans défense » contre la maladie, les infirmités et la mort. A » Lille, sur cinq ouvriers, il y en avait deux dans » l'impossibilité de se suffire avec leur salaire; un » sixième de la population était inscrit au bureau » de bienfaisance, et la charité privée soutenait,

» en outre, un grand nombre d'indigents. Il était
» triste de constater qu'en 1837 le département
» le plus industriel de la France était le plus ra-
» vagé par le paupérisme. »

Pourquoi le prix de la viande a-t-il si notablement haussé depuis un quart de siècle, alors qu'on
en produit de plus en plus, et qu'une grande partie des terres sont converties en herbages, sinon
parce que la consommation de la viande s'est
énormément développée? D'après les recherches
de M. de Foville sur les variations des prix, la
consommation annuelle de la viande par tête d'habitant était :

En 1840. . . . . 19. » kilogr.
— 1852. . . . . 23.19 —
— 1862. . . . . 25.10 —

C'est une augmentation de 40 %, et la statistique de la France pour 1881 nous apprend que, au
moins dans les grandes villes, la consommation de
la viande a augmenté de 7 % depuis la période
1865-1869. Nous sommes très porté à croire que
la consommation générale a augmenté dans une
proportion beaucoup plus forte, attendu que, dans
les grandes villes, la consommation de la viande
était déjà très répandue dans les classes labo-

rieuses dans la période 1865-1869, et que c'est surtout à partir de cette époque qu'elle est devenue d'un usage général dans les campagnes. L'enquête faite en 1878 par la Société industrielle de Mulhouse a révélé la progression suivante dans la consommation de la viande par tête d'habitant, à Mulhouse :

En 1857. . . . . 55.20 kilogr.
— 1867. . . . . 65.40   —
— 1877. . . . . 74.60   —

Aujourd'hui, la consommation par tête est, à Paris, de 77 kilogr. (au lieu de 67 kilogr. en 1865-69); à Lyon, de 69 kilogr.; à Marseille, 62; à Bordeaux, 77; à Lille, 51; à Nantes, 47; à Rouen, 63. Notons, en passant, l'énorme différence entre Paris et Bordeaux, d'une part, et Nantes ou Lille, d'autre part. Il ne serait pas raisonnable de prétendre qu'une telle augmentation provienne du développement de la consommation de la viande dans les classes aisées, qui n'ont jamais dû se priver beaucoup de viande, alors surtout qu'elle coûtait bien moins cher qu'aujourd'hui; elle provient du développement de la consommation dans la masse de la population, dans les classes laborieuses. La viande de boucherie était, il y a trente ans, un luxe à peu près inconnu sur la table des ouvriers des champs; elle est devenue leur nourriture quotidienne. Et cependant, les champs sont désertés et les ouvriers émigrent de plus en plus vers les villes, preuve certaine qu'ils s'y trouvent mieux encore qu'à la campagne !

Une autre preuve que l'aisance générale a augmenté, c'est que la consommation moyenne de pain par tête d'habitant a diminué depuis vingt ans. Cette proposition paraît, à première vue, paradoxale, et pourtant elle est vraie. L'augmentation de la consommation moyenne de pain est une preuve de bien-être tant que toute la population ne mange pas de pain; et il y a eu, à ce point de vue, une grande amélioration depuis un siècle. La consommation annuelle de froment en France par tête d'habitant était :

En 1784 . . . . 125 litres.
— 1840 175   —
— 1870 200   —

Mais, à mesure que croît l'aisance, d'autres aliments, notamment la viande, prennent en partie, dans l'alimentation, la place du pain. Nous avons vu, dans les tableaux publiés par la Commission d'enquête de la Société industrielle de Mulhouse, que le pain entre de 25 à 48 % dans les dépenses de nourriture d'un ménage d'ouvriers, et il n'y a qu'à jeter les yeux sur ces tableaux pour se convaincre que ce sont les familles les moins aisées qui mangent proportionnellement le plus de pain, parce qu'elles mangent moins d'autres choses : ainsi, la famille dans laquelle le pain figure pour 48 % ne consomme de la viande que dans la proportion de 4 % ; au contraire, dans d'autres familles qui mangent moins de pain, la viande représente 11, 15, 24 et 28 %.

Or, nous voyons dans la statistique de la France pour 1881 que la consommation annuelle de pain par tête d'habitant a diminué, au moins dans les grandes villes, de 6 % depuis la période 1865-1869 : elle était, en 1881, à Paris, de 145 kilogr. au lieu de 153; à Lyon, de 128 au lieu de 180; à Marseille, de 222 au lieu de 217; à Bordeaux, de 162 au lieu de 190; à Lille, de 215 au lieu de 240; à Nantes, de 270 au lieu de 273; à Rouen, de 180 au lieu de 183. Notons, en passant, la confirmation de ce que nous avancions tout à l'heure : à Nantes et à Lille, on mange beaucoup plus de pain par tête d'habitant qu'à Paris, à Lyon ou à Bordeaux; c'est qu'on y mange aussi, nous l'avons vu, beaucoup moins de viande. Il est remarquable qu'en somme la consommation du pain a diminué à peu près dans la même proportion que celle de la viande a augmenté.

L'ouvrier français est vraisemblablement, après l'ouvrier américain et l'ouvrier anglais, celui dont le bien-être matériel a fait le plus de progrès. On lit, dans les rapports des consuls des États-Unis, que la nourriture de l'ouvrier allemand consiste ordinairement en café de chicorée avec du pain noir et grossier, matin et soir, et une maigre soupe aux légumes avec du pain noir à midi. Accidentellement, ils y ajoutent un morceau de viande; mais en général, ils n'en consomment qu'une fois par semaine. Leur boisson ordinaire est la bière, qui constitue leur luxe [1]. — La viande est rarement consommée par les classes ouvrières de Hollande; on n'en mange guère qu'aux repas du dimanche, et celle que l'on consomme le plus souvent est la viande de cheval ou le lard. Le fromage, les œufs, la bière, les raisins secs et le sucre sont pour l'ouvrier hollandais des objets de luxe, qu'il ne se permet que les dimanches, et avec parcimonie [2]. —

[1] Edward Yung, *Labor in Europa and America*, Rapp. de M. Saville, 1874.

[2] M. René Lavollée, *Histoire des classes ouvrières en Europe*, I, p. 240, 241.

L'ouvrier belge n'est ni bien payé, ni bien nourri, ni bien logé [1]. — L'ouvrier autrichien ne pourrait pas joindre les deux bouts, sans des réductions de prix considérables dues soit à la bienveillance du patron, soit aux bénéfices de l'association et de l'achat en gros [2]. — Il faut toute la sobriété de l'ouvrier espagnol pour réussir, avec le salaire qu'il reçoit, à vivre et à faire vivre sa famille, en général assez nombreuse. Le dénûment et la misère y sont le partage de la classe ouvrière [3].

Nous voulons prouver que la condition de l'ouvrier en France s'est considérablement améliorée, et nous avons montré que certaines consommations nécessaires ou utiles s'étaient notablement développées dans la classe ouvrière. Une preuve plus certaine encore peut-être de cette vérité, c'est le développement, en ces derniers temps, de certaines consommations de luxe dans les classes laborieuses. Malheureusement le luxe, dans cette classe, affecte trop souvent une forme vicieuse, sous laquelle il devient pour l'ouvrier une cause active de dégradation, en même temps que de misère pour la famille. C'est ainsi qu'on ne sau-

[1] *Ibidem*, II, Belgique, *passim.*
[2] *Ibidem*, II, Autriche-Hongrie.
[3] *Ibidem*, II, Espagne.

rait trop déplorer les progrès énormes de la consommation de l'alcool et des dépenses de cabaret. Écoutons d'abord ceux qui voient de près les ouvriers; nombre de témoignages ont été recueillis à cet égard par la Commission d'enquête sur la crise industrielle.

« Si les ouvriers, disent les représentants du
» syndicat des entrepreneurs de menuiserie, vi-
» vaient aujourd'hui comme en 1840, ils ne dépen-
» seraient pas beaucoup plus; mais les conditions
» de leur existence ont tout à fait changé. » —
« Nos ouvriers, nous disent les entrepreneurs de
» couverture et de plomberie, ont leur lieu de
» réunion habituelle chez un marchand de vin.
» Ils ont envoyé des lettres à tous les entrepre-
» neurs pour les avertir que c'était là que nous
» devions écrire pour les embaucher. Ils ont
» pourtant une chambre syndicale, et nous aime-
» rions infiniment mieux aller les chercher à leur
» chambre que chez le marchand de vin. Comme
» ils sont nombreux et que les occasions de boire
» sont fréquentes, il nous en vient assez souvent
» dans une mauvaise condition. » N'y a-t-il pas là un trait de mœurs profondément triste? Écoutons encore la chambre syndicale des entrepreneurs de démolition : « *J'estime à 33 %, nous dit son*

» représentant, *le montant des salaires qui passe* » *chez le marchand de vins, en dehors de la nour-* » *riture.* L'ouvrier ne sait pas faire d'économies ; » c'est une grande erreur de sa part. »

Le préfet de police nous apprend, dans sa déposition, qu'il y avait à Paris, en 1880, 21,000 débitants, et qu'il a reçu, en 1881, 6,282 déclarations nouvelles ; en 1882, 6,366 ; en 1883, 6,060. Sauf à déduire le nombre des débits qui ont pu fermer pendant ce temps, le nombre des débitants aurait augmenté de 18,000 en trois ans !

Ce n'est pas seulement à Paris que le mal sévit. La statistique de 1881 nous révèle, dans la consommation de l'alcool, seulement depuis la période 1865-1869, c'est-à-dire depuis moins de 20 ans, une augmentation de 48 %, et, dans celle de la bière, une augmentation de 37 %. La moyenne de la consommation de l'alcool par habitant est, à Paris, de 6,40 litres, au lieu de 5,83 ; à Lyon, de 4,30, au lieu de 2,54 ; à Marseille, de 4,60, au lieu de 1,93 ; à Bordeaux, de 3,90, au lieu de 2,18 ; à Lille, de 5,50, au lieu de 5,90 ; à Nantes, de 4,50, au lieu de 2 ; à Rouen, de 15,30, au lieu de 10,05. On voit que, sauf à Lille, la progression est générale et véritablement alarmante. Au nombre des villes qui consomment le plus d'alcool par tête d'habitant, il faut citer Rouen, 15,3 litres; Caen, 14,7; Laon et Amiens, 10,6; Saint-Brieuc et Guéret, 10,2 et 10,7. Au nombre de celles qui en consomment le moins, citons : Aurillac, 0,1 litre; Nîmes, 0,4; Chaumont, 0,5, Carcassonne, 1,4; Saint-Lô, 1,5; Toulouse, 1,7; Avignon, 1,8. Nous avons recherché s'il y avait une corrélation quelconque entre la consommation de l'alcool et le taux des salaires, et nous n'en avons pas trouvé. Voici deux villes qui font la même consommation abusive d'alcool, Saint-Brieuc et Guéret : un terrassier est payé 1 fr. 75 dans la première et 3 fr. dans la seconde; à Alençon, qui consomme plus de 10 litres par habitant, et à Chaumont, qui consomme 1/2 litre, le salaire du terrassier est le même, 2 fr. 50; le même ouvrier est payé moins cher à Amiens, où la consommation par tête est de 10,6 litres, qu'à Carcassonne, où elle est de 1,4. Dans les lieux où les salaires sont bas, cette détestable consommation est prise sur le nécessaire de la famille; partout, elle détruit le goût de l'épargne, ruine la santé et abaisse la moralité de l'ouvrier. Il y a, comme le disait très bien dans l'enquête sur la crise industrielle, le représentant de la chambre syndicale des produits chimiques, un préjugé fortement enraciné dans la classe ouvrière : que l'alcool donne de la force; c'est le contraire qui est vrai! Et il constatait que les hommes, non-seulement ceux qui en abusent jusqu'à l'ivresse, mais qui le font entrer trop largement dans leur régime, perdent leurs forces, et ne peuvent plus se livrer aux travaux que de plus sobres exécutent facilement.

Cette question de l'alcoolisme et des moyens de le réprimer était récemment discutée au sein de la société d'économie politique de Paris, et les esprits paraissaient assez divisés. Nous ne croyons pas être suspect d'une tendance exagérée vers l'intervention de l'État; nous avons essayé ailleurs [1] de la renfermer dans ses limites naturelles. Mais nous sommes pleinement convaincu de la nécessité d'une vigoureuse intervention législative pour arrêter les progrès d'un mal qui devient une véritable plaie sociale. L'autorité a qualité pour agir; car la sécurité publique est directement en jeu : de combien de crimes l'ivresse et l'alcoolisme ne sont-ils pas la cause? Il est inadmissible que, dans une société civilisée, l'homme ait le droit d'abdi-

---

[1] V. notre livre, couronné par l'Institut, sur le *Rôle de l'État dans l'ordre économique.*

quer volontairement sa raison et son libre arbitre, et d'exposer ses semblables à toutes les conséquences d'actes commis en cet état, sauf à en décliner ensuite devant ses juges la responsabilité. Les faits qui précèdent prouvent, en outre, l'opportunité et, à nos yeux, la nécessité de cette intervention. Comment devrait-elle se produire? Il faudrait que les peines contre l'ivresse publique fussent considérablement renforcées, que toute condamnation pour ce délit entraînât de plein droit la perte des droits politiques, que tout débit dont le gérant serait convaincu d'avoir donné à boire à un individu en état d'ivresse, fût immédiatement fermé, sans préjudice de peines sévères contre le contrevenant. Nous voudrions aussi que la complicité fût punie; car le plus souvent l'ivresse est le résultat de l'entraînement. Bref, nous croyons qu'il est urgent de faire un sérieux effort social contre ce que nous considérons comme un véritable fléau, particulièrement pour les classes laborieuses.

Ce n'est pas seulement au point de vue du cabaret, c'est d'une manière générale que les consommations de luxe se sont développées dans la classe ouvrière. Le préfet de police nous dit encore, dans sa déposition (il s'agit toujours de Pa-

ris ; mais si Paris va plus vite, le reste suit !) que
« l'observation faite sur la mode introduite chez
» les ouvriers de s'alimenter d'objets de luxe est
» en grande partie fondée » ; il constate que « le
» besoin du superflu augmente chez l'ouvrier
» comme dans toutes les classes sociales », et il
ajoute que « il n'y a qu'à voir le nombre consi-
» dérable d'écailles qui sont à la porte des mar-
» chands de vin pour être frappé de la quantité
» d'huîtres qui sont mangées chez le marchand de
» vin. » Il nous apprend encore que « les cafés-
» concert, qui sont un des principaux éléments de
» distraction pour l'ouvrier de Paris (distraction
» peu faite pour élever le niveau de la moralité et
» de l'intelligence !) se sont développés en très
» grand nombre, font beaucoup de recettes, et
» sont toujours pleins. » Enfin, il signale un
phénomène social grave et douloureux, dont la
classe ouvrière n'est pas seule responsable, mais
dans laquelle elle a pourtant sa bonne part, c'est
le développement considérable de la prostitution,
en même temps que l'abaissement de l'âge auquel
les femmes se livrent à ce triste métier. Cette déposition, dont on peut deviner la réserve, nous a
paru profondément triste. Nous y trouvons une
des preuves les plus certaines d'une démoralisa-

tion, sur laquelle nous reviendrons, et qui est évidente pour tout esprit non prévenu.

De tous ces faits il résulte, à n'en pas douter, que les classes laborieuses consomment plus aujourd'hui qu'elles ne faisaient jadis, et, par conséquent, qu'elles sont à même de consommer plus, c'est-à-dire que leur situation matérielle s'est sensiblement améliorée. Si elles ne sont pas plus riches, c'est que leurs besoins ont augmenté en même temps que leurs moyens de consommation. Le développement du bien-être est ainsi démontré et par les chiffres, et par les faits.

CHAPITRE IV.

Les salaires à l'étranger.

Jetons maintenant un rapide coup d'œil sur les salaires à l'étranger.

Une feuille allemande, la *Statistische Correspondenz*, de Berlin, dirigée par un statisticien célèbre, le Dʳ Engel, a fait la comparaison, en 1879, des salaires et du prix des vivres dans les différentes contrées de l'Europe et aux États-Unis d'Amérique. Les renseignements étaient puisés à une série de rapports que les consuls américains ont rédigés pour le congrès de Washington : le gouvernement fédéral attache beaucoup de prix à ces statistiques.

Les documents s'appliquent, en Europe, à la Belgique, à la France, à l'Allemagne, au Danemark, à l'Italie, à l'Espagne, à l'Angleterre et à l'Ecosse; pour les États-Unis, à New-York et à Chicago. Nous allons mettre dans un tableau synoptique les salaires des principales professions observées dans ces différents pays, que nous classerons d'après l'ordre décroissant des salaires. Inutile de dire que ces chiffres sont nécessairement très approximatifs : il s'en dégagera cependant quelques données assez certaines. Les chiffres sont relatifs à l'année 1878 :

PROFESSIONS.	TAUX DES SALAIRES (par semaine, en francs).									
	New-York.	Chicago.	Écosse.	Angleterre.	France.	Belgique.	Espagne.	Danemark.	Italie.	Allemagne.
Maçon....................	60-90	60-100	» »	41 »	25 »	30 »	24 »	22,50	20 »	22 »
Manœuvre............	60-75	30-52	47,60	40,60	20 »	30 »	25,50	» »	17,25	18 »
Charpentier et menuisier...	45-60	37-60	40,50	41 »	27 »	26,25	20,25	21,25	20,75	20 »
Plombier.................	60-90	60-100	35,50	39 »	33,75	30 »	» »	» »	20 »	18 »
Boulanger...............	25-40	40-60	33 »	32,50	34 »	23 »	25 »	21,25	19,50	17,50
Forgeron................	60-90	75-125	35 »	36 »	27 »	» »	» »	20 »	17,50	16,25
Tailleur.................	50-90	30-90	35 »	36 »	25,50	» »	18 »	20,50	21,50	17,75
Cordonnier..............	60-90	45-90	37 »	37 »	23,75	» »	18 »	16,50	21,50	15,60

Dans ce tableau ne figurent pas les salaires de quelques pays industrieux. On peut compléter la comparaison à l'aide de certaines données fournies par M. René Lavollée. Ainsi, il estime qu'en Hollande le salaire normal d'un bon artisan, par exemple d'un charpentier, d'un menuisier, d'un plombier ou d'un forgeron peut être évalué, dans les grandes villes, à environ 20 fr. par semaine ; dans les petites villes, à 12 ou 13 fr. : c'est le salaire général des ouvriers de fabrique. En Suisse, on estime que la rémunération des ouvriers pris en masse est inférieure de 33 à 40 % à celle des mêmes corps d'état en Angleterre, et de 10 à 15 % à celle des mêmes corps d'état en France. En Autriche-Hongrie, la majorité des ouvriers des grandes villes gagne de 2 fr. 50 à 3 fr. 50 par jour, environ 900 fr. par an, en déduisant les jours fériés.

Revenons à notre tableau, et remarquons d'abord, avec M. Leroy-Beaulieu[1], qu'on compare là des choses qui ne sont pas comparables : au lieu de mettre les chiffres des salaires à New-York et à Chicago en parallèle avec la moyenne des salaires de tout un pays, il fallait mettre en regard les

---

[1] *Économiste français,* 15 novembre 1879.

salaires dans les grandes villes, à Paris, par exemple. L'écart eût été moindre ; il eût cependant encore été très sensible, puisque le maçon gagnait à Paris, en 1880, 45 fr. par semaine ; le menuisier, autant ; le charpentier, 47 fr. ; le plombier, 36 fr. ; le boulanger, 42 fr., de même que le forgeron ; le tailleur, 30 fr. ; le cordonnier, 21 fr. Toujours est-il qu'il se dégage de ce tableau quelques données certaines : les salaires sont supérieurs à New-York et à Chicago à ce qu'ils sont dans toute l'Europe ; ils seraient supérieurs de 50 % à peu près aux salaires anglais, et presque de 100 % aux salaires français ; — les salaires en Angleterre et en Ecosse sont les plus élevés de l'Europe ; il y aurait notamment entr'eux et les salaires de France une différence au moins de 50 %. Notons toutefois qu'il n'y a certainement plus aujourd'hui un pareil écart, s'il a jamais existé. M. Dietz-Monnin, président de la chambre de commerce de Paris, disait, dans sa déposition devant la commission d'enquête sur la crise industrielle [1], que les salaires anglais n'étaient plus supérieurs aux salaires français, qu'ils avaient subi une baisse de 30 % au moins. On voit encore dans ce tableau que les salaires italiens et sur-

----

[1] *Procès-verbaux,* p. 324.

tout les salaires allemands sont les plus faibles de tous; il y aurait entre les salaires allemands et les salaires de France une différence moyenne de 25 à 30 %. « Le taux des salaires des ou- » vriers allemands, nous dit M. René Lavollée, » résumant une masse de chiffres dont il est im- » possible de dégager une moyenne certaine, est » généralement faible, pour ne pas dire insuffi- » sant. La rémunération d'un homme fait ne dé- » passe pas 60 fr. par semaine dans des industries » privilégiées; en revanche, elle est très souvent » inférieure à 10 fr.; dans quelques cas, elle » tombe à 5 fr. 40, 5 fr. et même 4 fr. 65. Le » taux ordinaire varie entre 18 et 28 fr. pour » l'industrie métallurgique, 15 et 22 fr. pour l'in- » dustrie textile, 12 et 25 fr. pour les autres in- » dustries. Le taux normal du salaire d'une ou- » vrière est d'environ 8 fr. par semaine. »

A côté des chiffres qui précèdent, il est intéres- sant de mettre les prix des consommations de l'ouvrier, et voici ce que nous trouvons à cet égard dans les mêmes documents. En 1878, le pain, à New-York et à Chicago, coûtait environ 10 % de moins qu'en France et en Allemagne, mais plus cher qu'en Angleterre, en Italie et en Espagne. La viande coûtait généralement 40 %

de moins qu'en France ; le lait et ses dérivés, sauf le beurre, coûtait un peu moins cher ; il est assez difficile de comparer les divers articles de l'épicerie : on peut cependant présumer qu'ils sont généralement moins cher en Amérique ; le sucre et le café y coûtent moitié moins ; le charbon et le bois y sont aussi à des prix inférieurs. Restent deux articles qui sont certainement d'un prix plus élevé aux États-Unis, le logement et le vêtement : dans quelle proportion? M. Leroy-Beaulieu estime que le coût du logement est de 100 % supérieur et le coût du vêtement de 25 à 30 %.

Si maintenant, résumant ces données, nous voulons apprécier le coût de la vie aux États-Unis et en Europe, il faut nous souvenir que la nourriture figure pour 60 % dans les dépenses de l'ouvrier, le vêtement et le logement chacun 15 % environ. Nous avons donc, aux États-Unis, sur 15 % de la dépense (le logement) une augmentation d'environ 100 % ; sur 15 % encore (le vêtement) une augmentation d'environ 25 %. Par contre, nous avons une diminution de 40 % sur la viande, de 10 % sur le pain, et une diminution certaine, mais qu'il est impossible de chiffrer, sur le bois, le charbon, le sucre, le café, le tabac et probablement tous les produits de l'épicerie. En présence de ces chiffres, il nous paraît difficile d'admettre, avec l'éminent directeur de l'*Économiste français*[1], que l'avantage définitif et total pour le travailleur américain soit seulement de 3 1/2 à 4 $\%$ relativement à son confrère français, et l'écart nous paraît être sensiblement plus élevé. C'est une nouvelle preuve que le taux des salaires n'est pas dans une corrélation nécessaire avec le prix des subsistances.

Voyons maintenant quels sont les salaires des ouvriers agricoles dans les États de l'Union américaine. Voici d'abord une comparaison que nous relevons dans le rapport annuel *of the United States Commissionner of agriculture* (1879) : dans les États de la Nouvelle-Angleterre, un laboureur, non logé, ni nourri, gagnait 101 fr. 55 par mois, et 98 fr. 35 dans les États du Centre; dans le même temps, les rapports des consuls américains réunis par le secrétaire d'État, Ewarts, faisaient ressortir le salaire du laboureur, non nourri, ni logé, à 68 fr. en France, 71 fr. en Espagne, 76 fr. en Italie, 73 fr. en Irlande, 78 fr. en Angleterre et 97 fr. en Écosse. Dans les États du Sud, le salaire moyen du laboureur nègre ne dé-

---

[1] *Économiste français*, 22 novembre 1879.

passait pas 56 fr. L'Allemagne ne figure pas dans ce tableau. Le professeur Von der Goltz, de Kœnigsberg, a dressé, en 1874, un relevé des salaires moyens des ouvriers agricoles dans les diverses parties de l'empire allemand; c'est le résumé de 1,400 rapports à lui adressés. On y constate de grands écarts entre les différents États, et l'on y voit que le salaire quotidien varie, en été, entre 1 fr. 15 dans la Silésie, et 2 fr. 50 dans le grand duché d'Oldenbourg et l'Alsace-Lorraine; en hiver, entre 0 fr. 90 en Silésie, 1 fr. en Prusse et en Poméranie, 1 fr. 80 dans le duché d'Oldenbourg et 2 fr. en Alsace-Lorraine. Le taux de l'Alsace-Lorraine prouve bien que les salaires agricoles sont supérieurs en France.

Il résulterait des chiffres qui précèdent que l'écart serait moindre entre les États-Unis et l'Europe pour les salaires des ouvriers agricoles que pour les autres; mais nous allons voir tout à l'heure que l'année 1879, à laquelle se rapportent ces chiffres, marque, aux États-Unis, le point le plus bas des salaires agricoles, qui se sont relevés depuis lors dans une très forte proportion, d'environ 30 %, tandis que les salaires industriels ont baissé.

M. Edward Young, ancien chef de la statistique

fédérale des États-Unis, nous donne[1] les salaires des ouvriers agricoles, tels que garçons de ferme, manœuvres, charpentiers, filles de ferme, dans les différents États de l'Union. Nous ne reproduirons pas tous ces chiffres qui n'auraient pour notre travail qu'un intérêt secondaire; mais nous avons été frappé des différences que l'on remarque entre les salaires d'une même région. Ainsi, dans les États du Centre, le salaire mensuel d'un garçon de ferme nourri varie entre 7,88 dollars dans le Maryland et 11,50 dans l'État de New-York! M. Young avance que le prix moyen de la journée de travail a augmenté de 80 à 100 % depuis 1850, et que le coût de la vie est loin d'avoir augmenté dans une proportion équivalente.

Le même statisticien, comparant le taux des salaires de quarante-six catégories d'ouvriers employés à Philadelphie, dans les chantiers de MM. Cramp et fils, et de MM. Pusey, Jones and C°, à Wilmington, sur la Delaware, avec les salaires des mêmes catégories d'ouvriers employés chez MM. John Elder, de Glascow, constate que les salaires sont, en moyenne, par semaine, de 12,32 doll. (61 fr. 60) chez M. Cramp, de 11,65 doll. (58

____

[1] V. l'*Économiste français*, 13 mai 1882.

fr. 25) chez M. Pusey, et de 6,08 doll. (30 fr. 40) chez M. Elder. La différence serait donc ici de 102 %, là de 91 % ; différence plus grande encore que celle que les documents précités nous avaient révélée.

Nous parlions tout à l'heure des salaires agricoles aux États-Unis. Suivons-en le mouvement de 1866 à 1882. Les chiffres que nous rapportons expriment, en dollars, les salaires mensuels d'ouvriers nourris :

	1866	1875	1879	1882
États de l'Est....	33,30	28,96	20,21	26,61
États du Centre..	30,07	25,02	19,69	22,24
Etats du Sud....	16 »	16,22	13,31	15,30
États de l'Ouest..	28,91	23,60	20,38	23,63
Californie.......	35,75	44,50	41 »	38,25

Un correspondant de New-York du journal le *Bradstreet* (5 mai 1883), M. Henri Kemp, nous donne, sur les salaires quotidiens dans la même période, des chiffres qui concordent avec ceux qui précèdent :

1859-68..	0,96 doll.
1868-75..	1,63 doll.
1875-79..	0,47 doll.
1879-81..	1,10 doll.
1881-83..	1,50 doll.

On voit qu'il y a eu une dépression notable à
partir de 1866-68, et que les salaires agricoles se
relèvent seulement depuis 1879. La hausse qui
s'était produite à la fin de la guerre de sécession
avait des causes accidentelles et ne pouvait durer :
c'était la conséquence de la désertion du travail
agricole par la main-d'œuvre, qui s'était jetée sur
les entreprises industrielles, attirée par de hauts
salaires, dus eux-mêmes à des tarifs de douane
extravagants par leur exagération. Dès la fin de
l'année 1866, les salaires agricoles manifestaient
une tendance à la baisse. Malgré cette baisse, ils
sont encore à un assez joli chiffre et capables de
faire envie à beaucoup de petits employés de la
bureaucratie européenne. En 1836, la moyenne
des salaires agricoles n'était évaluée qu'à 9 dollars, 46 fr. par mois! Il faut attribuer cette crois-
sance énorme des salaires agricoles au développement extraordinaire de l'exportation de céréales
faite par les États-Unis, correspondant avec le développement de la consommation indigène. La
population, qui était de 17 millions en 1840, était
passée à 50 millions en 1880; l'exportation, qui
était de 111 1/2 millions de dollars en 1840, at-
teignait près de 824 millions en 1880, et près de
884 millions en 1881. Or, les produits agricoles

sont le principal objet d'exportation des États-Unis : en 1884, ils entraient pour 73 % dans le total des exportations. Sans savoir quels sont aujourd'hui les salaires agricoles aux États-Unis, nous affirmerions bien qu'ils ont dû baisser; car les exportations américaines de blé ont diminué de 130,000,000 fr. en 1883 sur le chiffre de 1882, et les journaux américains s'accordent à dire que les prix ne sont plus rémunérateurs. Le journal *The Economist* de Londres publiait récemment un compte des frais de production du blé dans le Michigan, duquel il résultait que, avec le coût de transport jusqu'à Détroit, le prix de revient du blé par boisseau s'élève à 79 cents, tandis que le prix de vente sur le marché de Détroit ne dépasse pas 75 à 76 cents. Aussi annonce-t-on que les fermiers réduisent partout leurs cultures. Il est inévitable que les salaires des ouvriers agricoles diminuent!

Passons sur un autre théâtre. D'après les documents australiens réunis pour l'exposition internationale de Sidney (*The progress and ressources of new South Wales, by Charles Robinson, published by authority;* Sidney, 1877), voici quels étaient, en 1877, les salaires en Australie, comparés au coût de la vie. A Sidney, les charpentiers gagnaient de 9 fr. 60 à 12 fr.; les briquetiers, maçons, plâtriers, de 12 à 13 fr. 20; les peintres, de 9 fr. 60 à 10 fr. 80, ainsi que les gaziers et plombiers; dans les travaux du fer, les salaires variaient de 9 fr. 60 à 12 fr. 80, et même 14 fr. pour les ouvriers d'élite; les mineurs avaient 9 à 10 fr.; les domestiques, près de 20 fr. par semaine, 1,000 fr. par an. L'ouvrier agricole, nourri et logé, gagnait de 12, 14 ou 16 à 20 ou 25 shillings par semaine, de 6 ou 700 à 12 ou 1,500 fr. par an. Le salaire habituel d'un berger australien variait de 750 à 1,000 fr., plus ses rations chaque semaine : 4 livres de viande, 8 de farine, 2 de sucre et 1 de thé.

Voici maintenant quel était le prix des principaux objets de consommation : le pain, de 0 fr. 15 à 0 fr. 25 la livre anglaise (453 gr.), suivant les localités; la viande, de 0 fr. 30 à 0 fr. 50; dans les campagnes, le mouton se vend à vil prix, et les ouvriers en mangent tant qu'ils en sont dégoûtés; le beurre, en année ordinaire, se vend 1 fr. à 1 fr. 25 la livre; les œufs, de 1 fr. 20 à 2 fr. 40; le lait, généralement 0 fr. 60 le quart (du gallon anglais, qui équivaut à 4 litres 543). Le loyer d'un cottage d'artisans varie de 8 fr. 40 à 14 fr. 40 par semaine avec trois chambres (430 à 720 fr.

par an); de 16 fr. 80 à 24 fr. pour le double de
pièces (900 à 1,200 fr.) à Sidney; à 3 milles de la
capitale, les loyers sont moitié moindres. La chaussure, la lingerie et les confections sont à peu près
aux mêmes prix que dans nos pays. En somme,
l'entretien doit coûter un peu moins cher que chez
nous, bien que les salaires fussent alors notablement supérieurs même à ceux de Paris.

Nous avons vu que les salaires français, d'après
la statistique comparée de 1853 et de 1881 pour
les départements, 1880 pour Paris, avaient augmenté dans la proportion de 64 $\%$ dans les
départements et de 48 $\%$ à Paris; nous avons
ajouté que, d'après les chiffres consignés dans
l'enquête sur la crise industrielle, les salaires à
Paris avaient continué à monter de telle manière
que l'augmentation, en 1883, ne devait pas être
sensiblement différente de celle des départements.
D'après les chiffres du professeur Léone Lévi, cités
au LIIIᵉ Congrès scientifique du Royaume-Uni, on
ne pouvait guère évaluer, en 1850, à plus de 20
shill. par semaine, ou 52 livres par an (1,300 fr.),
le produit total du travail de toute une famille
d'ouvriers, tandis qu'en 1882 on peut hardiment
porter ce même produit à 32 shill. par semaine,
ou 83 livres (2,075 fr.) par an. L'augmentation

ressortirait à **62** %, et ne serait pas sensiblement différente de celle qui s'est produite en France dans la même période.

Nous avons démontré par des faits connus de tous que la condition des travailleurs français s'était notablement améliorée depuis la moitié de ce siècle. Nous trouvons dans un document très digne de foi une semblable constatation relativement aux ouvriers anglais : c'est un mémoire lu à la Société de statistique de Londres à l'occasion du cinquantième anniversaire de sa fondation, par M. Robert Giffen, directeur des services de statistique au *Board of Trade*[1]. Dans son ouvrage intitulé *Overpopulation and its remedies,* publié en 1846, l'économiste W. T. Thornton dépeignait la plupart des travailleurs des champs comme condamnés aux plus dures privations, comme ne vivant que de pain et de pommes de terre. « Pour » la viande, dit-il, la plupart n'en connaîtraient » jamais le goût si deux ou trois fois dans leur » vie, lorsque le *Squire* a un fils ou que ce fils » atteint sa majorité, on ne leur donnait un échan- » tillon de ce que les journaux appellent la bonne

---

[1] V. l'analyse de cet intéressant document par M. Arthur Mangin, dans l'*Économiste français* des 3 et 31 juillet 1886.

» vieille cuisine anglaise. » Certains d'entre eux trouvent le moyen d'avoir un peu de lard, une demi-livre par semaine pour douze personnes. La nourriture ordinaire des ouvriers chez les fermiers pauvres — et c'était la majorité, — consistait en pain d'orge grossier, bouillie d'avoine et pommes de terre. Le fermier lui-même n'ajoutait à cet ordinaire que du lait, du fromage et du lard. Dans les villes, Thornton nous montre la population manufacturière, qui comprenait 400,000 hommes adultes, soit 3 millions de personnes, plongée dans la plus profonde misère. « Des mil-
» liers d'entre eux, dit-il, ne pouvaient trouver
» aucun travail. » ... « A Manchester, 9,000 fa-
» milles gagnaient en moyenne 1 shilling par se-
» maine. » ... « A Leeds, 4,025 familles, le cin-
» quième de la population, vivaient de la taxe
» des pauvres. » M. Robert Giffen affirme que la généralité des salaires a haussé de 50 % au moins, et que, si l'on tenait compte de la réduction dans le nombre d'heures de travail, on trouverait cette hausse plus près de 100 % que de 50 %; il affirme, d'après les statistiques officielles, que, dans les grandes industries — industries textiles, mines et bâtiments, — l'augmentation est, en général, supérieure à 70 %; dans

quelques cas, elle dépasse 100 %; pour les gens de mer, elle est de 60 %; de même, pour les ouvriers agricoles, d'après les chiffres recueillis avec beaucoup de soin par sir James Caird. « D'une ma- » nière générale, ajoute-t-il, on peut dire que les » plus habiles parmi les travailleurs manuels ga- » gnent 25 shill. par semaine, au lieu de 15, et » que le salaire des simples manœuvres a passé » de 11 ou 12 shill. à 17, 18, 20 ou 21 shill. Il » semble que le taux des salaires s'est nivelé dans » une certaine mesure. » M. Robert Giffen nous montre encore, à l'aide des études les plus appro- fondies de MM. Dudley-Baxter et Leone Levi, et par des chiffres que nous ne pouvons reproduire ici, que les travailleurs manuels, en 1883, dont le nombre a doublé depuis la période 1835-1840, ont eu à se partager un revenu plus que qua- druple. En 1857, la proportion des indigents assistés était de 48,3 pour 1,000 habitants; en 1863, 53,9 p. 1,000; en 1883, elle n'est plus que de 28,4 p. 1,000, et, en 1884, de 27,1. De tous ces témoignages réunis résulte la preuve d'une incon- testable amélioration.

Il est intéressant pour nous de connaître le taux des salaires italiens et d'en suivre le mouve- ment; car, après la Belgique, dont les salaires ne diffèrent pas sensiblement des nôtres, c'est l'Italie qui envoie en France le plus fort contingent d'ouvriers; c'est en France que l'émigration italienne se porte de préférence à tout autre pays.

Nous trouvons à cet égard des chiffres détaillés dans une statistique récente publiée par M. L. Bodio, directeur de la statistique générale du royaume d'Italie.

Toutefois, en ce qui concerne les salaires agricoles, nous n'avons que les recherches d'un professeur à l'Université de Gênes, M. Pietro Rota, lesquelles recherches s'arrêtent à 1874. Elles sont relatives à la Lombardie, la campagne la plus fertile de l'Italie. Ces salaires ont été comparés à ceux de 1847; nous allons mettre les chiffres en regard pour différentes contrées.

Aux environs de Milan, les salaires agricoles étaient :

		En 1847	En 1874	Augmentation pour 100
		fr. c.	fr. c.	
Pour les hommes.	en été......	1 35	3 25	1 40
	en hiver....	» 80	1 50	87
Pour les femmes.	en été......	» 50	2 »	300
	en hiver....	» 35	» 80	126

Aux environs de Côme, les salaires étaient :

		En 1847	En 1874	Augmentation pour 100
		fr. c.	fr. c.	
Pour les hommes.	en été......	1 50	2 50	66
	en hiver....	1 32	2 »	36
Pour les femmes.	en été......	» 85	1 50	76
	en hiver....	» 66	1 20	84

Aux environs de Mantoue :

		En 1847	En 1874	Augmentation pour 100
		fr. c.	fr. c.	
Pour les hommes.	en été......	1 18	1 80	52
	en hiver....	» 67	1 30	94
Pour les femmes.	en été......	» 84	1 50	78
	en hiver....	» 59	1 »	69

Nous avons vu quel était le prix moyen de la journée de travail agricole en France, d'après les enquêtes, en 1852, en 1862, en 1872 : c'était, pour les hommes, 1 fr. 44, 1 fr. 85 et 2 fr. Chez nous, comme en Italie, les prix varient singulièrement suivant les régions. Si nous mettons en regard des salaires dans la Lombardie ceux d'un des départements les plus fertiles, comme le Calvados, nous voyons qu'en 1879 les salaires des hommes étaient de 2 fr. 75 à 3 fr., avec une augmentation de 50 %/₀ environ depuis 1860 ; les salaires des femmes étaient de 1 fr. 50 à 1 fr. 75, avec une augmentation à peu près équivalente. Dans la Dordogne, les ouvriers agricoles qui recevaient jadis 1 fr. 25 à 1 fr. 50, obtiennent aujourd'hui 3 à 4 fr. : augmentation, 166 %. Cette hausse extraordinaire dans la Dordogne tient évidemment à la culture de la vigne, et prouve l'influence qu'exerce sur les salaires le taux des profits; les salaires de la petite industrie sont, à Périgueux, notablement inférieurs aux salaires de Caen.

En résumé, on voit que les salaires agricoles sont généralement plus élevés en France qu'en Italie.

Passons aux salaires de l'industrie manufacturière. Nous avons groupé dans un tableau comparatif quelques chiffres qui se réfèrent à 1881-1883.

PROFESSIONS.	TAUX DES SALAIRES		
	EN ITALIE	EN FRANCE	
	province de Milan	Départements	Paris
	fr. c.	fr. c.	fr. c.
Filature de coton :			
ouvrier.............	1 86	3 21	5 75
ouvrière...........	1 »	1 93	2 60
Filature de laine :			
ouvrier.............	3 77 à 4 95	3 17	3 75
Tissage du coton :			
ouvrier.............	2 35	3 41	6 75
ouvrière...........	1 18	2 03	2 90
Tissage de la laine :			
ouvrier.............	4 95	3 23	5 »
Tissage de la soie :			
ouvrière...........	1 04 à 1 19	1 85	2 50
Fabrique de cordages :			
ouvrier.............	2 28 à 3 48	3 16	4 80
ouvrière...........	» 96	1 67	2 50
Manufacture de papiers:			
ouvrier.............	1 76 à 1 98	3 08	5 10
Fabrique de bougies :			
ouvrier.............	3 »	3 20	4 55
manœuvre.........	2 40	3 04	4 65

On voit que, si l'on met à part les manufactures de laine, dans lesquelles les ouvriers italiens obtiennent un salaire extraordinairement élevé, les salaires des ouvriers français sont notablement supérieurs à ceux de leurs confrères italiens. En Italie, pas plus qu'en France, les salaires ne sont influencés d'une manière décisive par le coût de la vie, bien que ce soit là peut-être une des principales causes de la différence, puisque nous trouvons entre le filateur de coton et le filateur de laine la différence de 1 fr. 86 à 4 fr. 95 !

L'augmentation des salaires a été considérable en Italie de 1862 à 1882 : elle a été jusqu'à 69 %, et même 110 % pour certains ouvriers. Il y a eu là un fait général, causé dans une certaine mesure par le renchérissement des subsistances, et, dans une mesure plus grande encore, à notre avis, par une ère de prospérité et d'activité économique due surtout au perfectionnement rapide des moyens de transport.

Le *Moniteur officiel du commerce* nous apprend qu'en Suède le taux moyen des salaires par semaine varie (1882), pour les hommes, entre neuf couronnes (12 fr. 51) et 13 cour. 75 (19 fr. 11); pour les femmes, entre 5 cour. (6 fr. 95) et 6 cour. 75 (9 fr. 38). Il est remarquable que les salaires les plus élevés se manifestent dans les ateliers mécaniques et dans les scieries : or, le bois et le fer sont les deux grandes industries d'exportation de la Suède, celles où les profits doivent être les plus considérables.

En Norwège, nous voyons que le salaire moyen des ouvriers payés à la journée était, en 1880, de 1 cour. 39 öre dans les communes rurales et de 1 cour. 75 öre dans les villes, et que le salaire avait baissé depuis 1875, où il était de 1,87 et de 2,23. C'est une baisse de 25 %. Nous pouvons cependant affirmer aux partisans de la théorie de Malthus et de Ricardo que ce n'est pas l'augmentation de la population ouvrière qui a produit ce résultat; car on comptait, en 1875, 45,657 ouvriers employés dans les établissements industriels de Norwège contre 41,989 en 1880 ! Peut-être nous objectera-t-on que le capital a décrû dans une proportion plus grande encore que la population ouvrière ? Mais il faudrait prouver cela, qui paraît à première vue peu admissible. Le contraire nous semble résulter de ce que, depuis la même époque, 1875, le nombre des établissements industriels a augmenté, passant de 2,581 à 3,301. Nous expliquons la chose autrement : l'année 1875 marque à peu près la fin d'une ère de prospérité industrielle sans exemple : là où ils n'ont pas été soutenus artificiellement ou surélevés par des grèves, les salaires ont dû s'affaisser.

Nous arrêterons là cette longue et fastidieuse énumération de chiffres. On voudra bien toutefois nous la pardonner ; car il nous semble qu'il s'en dégage certaines données générales de nature à assurer notre marche et à appuyer nos raisonnements, quand nous rechercherons les lois qui régissent le salaire et les causes qui peuvent en influencer le taux. C'est ce que nous allons faire maintenant.

Résumons d'abord en quelques mots ce qui ressort des diverses constatations que nous avons faites : un mouvement ascensionnel des salaires très marqué depuis la moitié de ce siècle jusqu'à ces derniers temps ; dans le moment présent, une perturbation résultant d'une crise universelle, et une tendance générale à la baisse. Cette hausse des salaires nous paraît devoir être principalement attribuée aux considérables progrès de l'industrie, aux inventions de toute nature qui ont étonné le monde, aux applications industrielles de plus en plus variées de la vapeur, au perfectionnement des moyens de communication et surtout à la rapide création de nombreuses voies ferrées, qui, non-seulement ont donné au travail une plus grande productivité pour l'avenir, mais encore qui ont, par leur établissement même, procuré aux capitaux une productivité plus grande, et qui, en donnant un vigoureux essor à certaines industries, notamment à l'industrie métallurgique, en créant une demande de main-d'œuvre considérable, ont imprimé par contre-coup à tous les salaires le mouvement ascensionnel que nous avons constaté.

DEUXIÈME PARTIE.

DES LOIS QUI RÉGISSENT LE SALAIRE.

Nous avons examiné aussi attentivement que nous le permettaient les statistiques dont nous pouvions disposer le mouvement des salaires. Remontons maintenant aux causes et essayons de dégager les lois qui régissent le salaire.

Nous ne craignons pas d'affirmer que cette question, capitale entre toutes, n'a jamais été bien élucidée par l'économie politique classique, que même des erreurs fondamentales ont été, à cet égard, accréditées par elle. Les économistes ont répété l'un après l'autre que le salaire étant le prix du travail, une marchandise comme une autre, était régi par la loi générale des valeurs, la loi de l'offre et de la demande. En confondant l'agent de la production avec les produits, en assimilant le travail à une marchandise, ils ont faussé la théorie du salaire. Ils ont considéré le règlement des salaires comme une affaire de simple division mathématique du capital destiné à payer les salaires, formant le dividende, entre le nombre des ouvriers, formant le diviseur; le quotient, quoi qu'on fasse, serait rigoureusement déterminé. Ils ont par là désespéré la classe ouvrière et fourni à ses agitateurs une arme terrible. Essayons de faire voir le vice de cette théorie.

CHAPITRE I.

La théorie classique du salaire.

Les économistes ont d'abord imaginé la théorie du salaire *naturel*. Ce salaire comprendrait tout juste ce qui est nécessaire à l'ouvrier pour vivre et pour se perpétuer dans la même condition.

Écoutons Turgot : « En tout genre de travail, » le salaire de l'ouvrier doit s'abaisser à un niveau » déterminé uniquement par les nécessités de » l'existence. » — C'est à peu près ce que disait A. Smith, quoiqu'en termes moins explicites : « Quoique les maîtres aient presque toujours né- » cessairement l'avantage dans leurs querelles » avec leurs ouvriers, cependant il y a un certain » taux au-dessous duquel il est impossible de ré- » duire, pour un temps un peu considérable, les

» salaires ordinaires même de la plus basse espèce
» de travail. Il faut de toute nécessité qu'un
» homme vive de son travail, et que son salaire
» suffise au moins à sa subsistance; il faut même
» quelque chose de plus dans la plupart des cir-
» constances; autrement, il serait impossible au
» travailleur d'élever une famille, et alors la race
» de ces ouvriers ne pourrait pas durer au delà
» de la première génération. » — Ricardo para-
phrase ainsi, de la manière la plus claire, la pensée
du maître : « Le travail, ainsi que toute chose
» qu'on peut acheter ou vendre, a un prix naturel
» et un prix courant. Le prix naturel du travail
» est celui qui fournit aux ouvriers, en général,
» les moyens de subsister et de perpétuer leur
» espèce sans accroissement ni diminution..... Le
» prix courant du travail est le prix réel qu'on le
» paie, selon la proportion dans laquelle il est
» offert ou demandé..... Ce n'est que lorsque le
» prix courant du travail s'élève au dessus de son
» prix naturel que le sort de l'ouvrier est réelle-
» ment heureux... Quand, au contraire, le nombre
» des ouvriers est augmenté par l'accroissement
» de la population *que la hausse des salaires a en-*
» *couragé*, les salaires baissent de nouveau à leur
» prix *naturel,* et quelquefois même l'effet de la

» réaction est tel qu'ils tombent encore plus bas. »
— On voit comment la théorie de Malthus, qu'il est à peine besoin de citer dans les mêmes rangs, trouve ici sa place : la population a une tendance constante à croître plus rapidement que les moyens de subsistance, elle n'est réfrénée que par l'impossibilité de vivre; donc, toute amélioration des salaires se traduit par une production d'hommes plus considérable, qui ramène bientôt le salaire au minimum fatal, qu'on ne craint pas d'appeler le salaire *naturel!*

La théorie de J.-B. Say n'est pas différente : « Les travaux simples et grossiers pouvant être » exécutés par tout homme pourvu qu'il soit en vie » et en santé, la condition de vivre est la seule » requise pour que de tels travaux soient mis dans » la circulation. C'est pour cela que le salaire de » ces travaux ne s'élève guère en chaque pays » au delà de ce qui est rigoureusement nécessaire » pour y vivre, et que le nombre des concurrents » s'y élève toujours au niveau de la demande qui » en est faite, et trop souvent l'excède; car la » difficulté n'est pas de naître, c'est de subsister. » — C'est également la théorie de Stuart Mill : « *It* » *is a much more difficult thing to raise, than to* » *lower the scale of living, which the labourers*

» *will consider as more indispensable than mar-*
» *rying and having a family.* »

Dans cette théorie, ce que l'on appelle salaire *naturel* peut être également appelé salaire *minimum* ou salaire *nécessaire*. Les classes laborieuses seraient naturellement réduites à ce qui est strictement nécessaire pour vivre : une inéluctable fatalité pèserait sur elles ! Les socialistes n'ont pas manqué de s'emparer de cette prétendue loi, et ils l'ont appelée la « *loi d'airain.* » Ce mot, trouvé par le célèbre agitateur Lassalle, a fait fortune. Et certes, ils avaient beau jeu, et l'arme qu'on leur fournissait était terrible ! Quoi de plus cruel, en effet, et de plus intolérable que ce destin de la classe ouvrière, condamnée à rouler perpétuellement son rocher de Sisyphe, sans aucun espoir d'améliorer son sort !

La théorie du salaire *naturel* se combine, chez les économistes classiques, avec une autre théorie, celle du *fonds des salaires*. On entend par là un fonds spécial, une masse déterminée, qui serait à séparer entre les ouvriers, en sorte que, comme il a été dit, la question du salaire se réduise à une simple opération mathématique. Voici comment on explique, en cette matière, le fonctionnement de la loi de l'offre et de la demande, qu'on suppose régler souverainement le taux des salaires. L'offre, ce sont les ouvriers qui offrent leur travail pour gagner leur vie. La demande, ce sont les capitaux qui cherchent un placement; et la quantité de la demande est exactement déterminée par la quantité du capital à placer, du capital destiné à payer des salaires. Ainsi, d'un côté, une masse à partager; de l'autre, un certain nombre de prenants-part : le salaire est le quotient. Plus grand sera le nombre des prenants-part, la masse à partager restant la même, plus petite sera la part de chacun; plus grande sera la masse à partager, le nombre des prenants-part restant le même, plus forte sera la part de chacun. En d'autres termes, le taux des salaires dépend du rapport du capital à la population, en entendant ici, par population, seulement la population qui vit de salaires, la population ouvrière, et, par capital, cette partie seulement du capital circulant qui est épargnée et placée dans l'industrie pour payer des salaires. Telle est la théorie de l'économie politique classique sur le salaire, de Smith, de Malthus, de Ricardo, de Turgot, de J.-B. Say, de Stuart Mill, de Joseph Garnier, et de la plupart des économistes contemporains : c'est elle aussi dont s'est inspiré M. Fawcett, dans le remarquable livre qu'il a publié[1], comme son legs à la science, avant de mourir.

Cette théorie est admirablement résumée par l'économiste anglais Mac-Culloch, qui se l'approprie ; la formule est si nette que nous voulons la reproduire : « Supposons que *le capital attribué* » *annuellement par une nation au paiement du* » *travail* s'élève à 30 millions sterl.[2]. Si la con- » trée renferme deux millions d'ouvriers, *il est* » *évident que le salaire de chacun, en les rému-* » *nérant tous au même taux, serait de 15 livres ;* » et il n'est pas moins évident que ce taux ne » pourrait s'augmenter que dans le cas où le » capital s'accroîtrait plus rapidement que la po- » pulation, ou dans le cas où le nombre des » ouvriers se réduirait dans une proportion plus » forte que la somme du capital. Aussi longtemps » que le capital et la population marchent de » front, qu'ils augmentent ou diminuent dans la » même proportion, le taux des salaires reste le » même. C'est seulement quand le rapport du » capital à la population vient à changer, que le

---

[1] *Travail et Salaires*, 1 vol. in-12, Guillaumin et Cie.

[2] Mac-Culloch parle par quarters de froment, qu'il prend pour étalon ; son traducteur y a substitué des livres sterling ; c'est plus commode et cela ne change rien au raisonnement.

» prix du travail subit une augmentation ou une
» réduction correspondante. Le bien-être et le
» confort des classes laborieuses dépendent donc
» directement du rapport que garde leur accrois-
» sement avec celui du capital qui sert à les oc-
» cuper et à les nourrir. Si elles se multiplient
» plus rapidement que le fonds des salaires, le
» prix du travail sera réduit; ce prix s'élèvera si
» leur multiplication est plus lente que celle de
» la richesse qui les défraie. *Il n'y a pas d'autre*
» *moyen pour élever les salaires que d'accélérer*
» *l'accroissement du capital par rapport à la*
» *population, ou de retarder l'accroissement de*
» *la population par rapport au capital.* »

Nous tenons cette théorie pour radicalement
fausse, et il est d'autant plus important d'en démontrer la fausseté, qu'elle tend aux plus fâ-
cheuses conséquences sociales. Elle a enseigné
aux ouvriers que le principal moyen d'améliorer
leur condition était la limitation systématique de
leur progéniture et le « *moral restraint* » de
Malthus : et les faits, l'état de la population en
France, la concurrence qui déborde de l'étranger
nous autorisent aujourd'hui à nous inscrire en
faux contre la théorie de Malthus, avant même
d'avoir démontré scientifiquement que, loin que

l'accroissement de la population ouvrière doive diminuer la part de chacun, elle doit logiquement l'augmenter, la masse à partager devenant plus que proportionnellement plus forte. La théorie classique enseigne, à la vérité, aux ouvriers, que les grèves ne peuvent leur être d'aucun secours, parce qu'ils perdront nécessairement d'un côté ce qu'ils auront gagné de l'autre (ce qui n'est pas parfaitement démontré); mais elle leur a appris en même temps que leur sort était irremédiablement misérable, elle les a mis en lutte contre le capital, elle les a désespérés!

Reprenons, pour essayer de les pénétrer, les deux formules du *salaire naturel* et du *fonds des salaires.*

Y a-t-il un salaire *naturel?* Peut-être; mais, en tous cas, ce n'est pas le salaire *minimum,* nécessaire à l'ouvrier pour vivre, tel que Turgot, Ricardo et les autres économistes l'ont entendu. Il est très vrai que le salaire ne peut pas tomber d'une manière permanente au-dessous de ce qui est nécessaire à la population ouvrière pour vivre et se perpétuer; car, s'il en était ainsi, la population ouvrière diminuerait jusqu'au point où les salaires lui permettraient d'exister. Nous devons donc admettre qu'il y a un salaire *minimum,* en faisant seulement remarquer que ce minimum lui-même est variable, suivant le tempérament, le climat, les mœurs, la civilisation. Mettez un ouvrier de Paris au régime de l'ouvrier chinois ou indien, et il est à peu près sûr qu'il en mourra. Mais pourquoi le salaire ne pourrait-il pas s'élever au-dessus de ce minimum, de ce taux nécessaire ? Parce que, ont répété les économistes après Malthus, la population suivant pas à pas les subsistances, toute amélioration dans la condition des ouvriers se traduira par un accroissement de la population ouvrière, accroissement qui fera de nouveau baisser les salaires. — Nous verrons bientôt s'il est vrai qu'un accroissement du nombre des ouvriers doive nécessairement se traduire par une diminution du salaire ; mais nous voulons constater dès à présent que la base même de la théorie fait défaut. Il est bien permis d'affirmer aujourd'hui que la double progression assignée par Malthus à la population, d'une part, et aux subsistances, de l'autre, repose sur une pure hypothèse. Elle implique pour les sociétés un état de stagnation nécessaire, que démentent visiblement les progrès considérables réalisés par quelques-unes dans l'ordre matériel. La théorie que nous examinons part de cette supposition que, si le salaire s'améliore, la classe laborieuse emploiera ce supplément de bien-être à la procréation de plus nombreux enfants. Or, nous voyons, au contraire, que ce sont les familles les plus pauvres qui ont le plus d'enfants; nous constatons que le nombre des enfants a sensiblement diminué dans la plupart de nos familles agricoles, en même temps que l'aisance s'y répandait et qu'un luxe relatif y pénétrait; enfin que ce sont les contrées les plus riches, la Normandie, par exemple, qui élèvent le moins d'enfants; en sorte que l'observation des faits semble donner un démenti formel à cette théorie. Si d'ailleurs elle était vraie, la condition des salariés n'aurait jamais pu s'améliorer, et nous avons vu qu'elle s'est grandement améliorée. Les hauts salaires obtenus dans le Far-West des États-Unis et en Australie par les ouvriers agricoles, bien que le coût de la vie n'y soit pas plus élevé que dans d'autres pays, montre encore la fausseté de cette théorie.

Examinons maintenant la fameuse théorie du « *fonds des salaires.* » Quelle est la masse à partager? Question capitale, et de laquelle dépend toute la théorie du salaire. Si, en effet, cette masse est déterminée et provisoirement invariable, il est bien vrai que, plus nombreux seront les copartageants, moins forte sera la part de chacun. Cependant, chaque travailleur normalement produit plus qu'il ne consomme; sans cela, le capital social, qui grossit sans cesse, n'aurait jamais pu se former; car il n'est autre chose que l'excédant du produit du travail sur le coût d'entretien du travail; et il est clair que, si chaque travailleur consommait ce qu'il produit, il n'y aurait jamais eu d'excédant, de produit net, de capital qui puisse être mis en réserve. Dès lors, et si chaque nouveau producteur qui paraît produit normalement plus que pour son propre entretien, comment expliquer qu'une masse plus que proportionnellement accrue ait pour conséquence une part proportionnellement plus petite? On ne saurait trop insister sur le vice de la théorie malthusienne : elle voit dans chaque homme nouveau un consommateur, elle oublie le producteur [1].

---

[1] Voici un passage de Malthus qui prouve cette lacune jusqu'à l'évidence : « Supposons qu'on dise à un fermier
» établi sur des terres à pâturages de garnir sa terre de
» bestiaux, parce que c'est le vrai moyen d'accroître ses
» profits; tout le monde conviendra qu'on lui donne un fort
» bon conseil. Mais si, pour le suivre, le fermier aug-
» mentait le nombre de ses bêtes au point de ne pouvoir
» les nourrir, et qu'elles fussent, en conséquence, amai-
» gries et affamées, il aurait tort sans doute et ne devrait

Quelle est donc la masse à partager? C'est, dit la théorie classique, le capital circulant épargné pour servir à la production. Quand même cette formule serait exacte (et nous espérons démontrer qu'elle est radicalement fausse), il ne faudrait pas oublier que le capital circulant épargné et versé dans l'industrie, et que l'on appelle le « *fonds des salaires* » est en même temps le fonds sur lequel sont payés la rente foncière, les loyers et intérêts des capitaux, les profits des entrepreneurs : ne se peut-il pas dès lors que les salaires augmentent aux dépens des profits, des intérêts, de la rente, la masse totale à partager restant la

» s'en prendre qu'à lui-même. Lorsque ceux qui le diri-
» geaient lui parlaient de garnir ses terres de bestiaux, ils
» entendaient évidemment parler de bêtes saines et en bon
» état, et non de bêtes fort nombreuses, mais souffrantes,
» et qui ne trouveraient point d'acheteur. On ne pourrait
» pas envisager comme un ennemi de l'accroissement des
» troupeaux celui qui ferait sentir aux fermiers que c'est une
» entreprise vaine et contraire à leurs intérêts de prétendre
» augmenter le nombre de leurs bestiaux avant d'avoir mis
» leurs terres en état de les nourrir. » — Eh! sans doute, parce que les bestiaux mangent de l'herbe et n'en produisent pas! Si chaque nouvelle tête de bétail faisait pousser de l'herbe, plus même qu'elle n'en consomme, on ne s'alarmerait guère de l'augmentation du nombre du troupeau!

même? Les meilleurs économistes ont eu là-dessus des idées vraiment surprenantes. Écoutons Malthus : « On se plaît à considérer les salaires » comme une valeur que nous pouvons hausser » ou baisser comme à plaisir. Lorsqu'une hausse » dans le prix des denrées alimentaires indique » une demande supérieure à l'offre, on veut met- » tre l'ouvrier dans la situation qu'il avait avant » cette hausse, et, à cet effet, on élève le prix du » travail. C'est à peu près comme si le baromètre » baissait jusqu'au mot tempête, et que, pour » rétablir le beau temps, nous fissions monter » le mercure par quelque pression mécanique, » puis, que nous fussions étonnés de voir le mau- » vais temps continuer. » — Eh bien! non; la comparaison n'est pas bonne. L'homme ne peut rien sur le temps, mais il peut beaucoup pour l'amélioration du sort des classes laborieuses : les faits sociaux ne sont point dominés par l'inéluc- table nécessité des lois physiques! Le salaire est la part d'une classe de la société dans la réparti- tion générale : on peut très bien concevoir que cette part soit accrue aux dépens des autres par une répartition différente. Nous entendons l'objec- tion de la théorie classique : les salariés sont parvenus à augmenter les salaires aux dépens des profits des entrepreneurs, des intérêts des capitalistes, de la rente des propriétaires; mais, à cause de cela même, propriétaires, capitalistes et entrepreneurs auront moins de capital à dépenser en salaires : la classe ouvrière perdra d'un côté ce qu'elle aura gagné de l'autre! — L'objection serait vraie s'il était démontré qu'une répartition différente de la richesse serait sans aucune influence sur la manière de vivre et les consommations des différentes classes de la société. Mais, ne se peut-il pas que les propriétaires, les capitalistes, les entrepreneurs, voyant diminuer leurs rentes, les intérêts de leurs capitaux et leurs profits, restreignent leurs consommations de luxe, leurs jouissances personnelles, et continuent à épargner autant qu'auparavant? Ce n'est pas tant l'inégalité des fortunes que la nature des consommations individuelles qui influe sur la condition des classes pauvres; et il est clair qu'une répartition différente des richesses est de nature à exercer beaucoup d'influence sur les consommations individuelles.

Revenons maintenant à la détermination de la masse à partager, et nous allons reconnaître que la fameuse formule du « *fonds des salaires* » est une formule creuse et une pure imagination. Où est-il ce fonds des salaires? Où est-elle cette masse déterminée, que les ouvriers auraient à se partager? Il suffit d'observer les faits, de remonter à la source qui alimente les salaires pour que tout cela s'évanouisse? Nous prétendons démontrer que la masse à partager n'est point le capital circulant antérieurement épargné, mais bien le produit brut du travail de la société; que le travail n'est point une marchandise comme une autre, dont le prix serait exclusivement réglé par la loi de l'offre et de la demande, mais que le taux des salaires dépend essentiellement de la productivité du travail. Il est à peine besoin d'indiquer l'importance de ces conclusions, si elles sont vérifiées. Elles sont en opposition formelle avec la théorie qui enseigne aux ouvriers qu'il n'y a de salut pour eux que dans la limitation de leur nombre; elles rendent manifeste l'accord du travail et du capital, du patron et de l'ouvrier; elles tendent à donner au travail sa plus grande efficacité, en mettant l'intérêt de l'ouvrier du même côté que son devoir. Il n'a jamais été plus opportun de mettre ces vérités en lumière.

Quand on voit les ouvriers chercher dans la diminution de la durée du travail les remèdes aux chômages dont ils souffrent, quand on les voit limiter systématiquement la productivité de leur travail, quand on entend les plaintes des entrepreneurs et qu'on observe la manière dont les ouvriers travaillent aujourd'hui, on est bien en droit de prononcer, avec M. le sénateur Corbon, qu'ils ne se rendent aucun compte des nécessités de la concurrence. Combien il serait utile de leur faire comprendre qu'ils vont directement contre leurs propres intérêts et que tout ce qui diminue la productivité du travail tend à diminuer leur salaire!

CHAPITRE II.

Les lois qui régissent le salaire.

La théorie classique nous a dit que le taux des salaires est impérieusement régi par la loi de l'offre et de la demande, par le rapport du capital à la population ; ce que Cobden exprimait dans cette formule imagée : « Le salaire hausse quand deux » maîtres courent après un ouvrier ; il baisse » quand deux ouvriers courent après un maître. » La loi de l'offre et de la demande joue certainement un rôle en cette matière, mais non pas celui qu'on lui prête. Essayons de le préciser. La loi de l'offre et de la demande, c'est-à-dire la concurrence, en agissant inégalement dans les différentes professions suivant certaines causes très bien analysées par A. Smith, produit l'inégalité des salaires dans les différents emplois. Ici, le travail est facile et agréable; là, il est désagréable, pénible et réclame une force peu commune; tel métier demande peu d'apprentissage et est à la portée de tous; tel autre exige un apprentissage long et coûteux; dans celui-ci, tout ouvrier, même un enfant, peut être employé; dans celui-là, il faut avoir une habileté ou inspirer une confiance spéciale; voici un emploi qui jouit de la considération publique; en voici un autre qui inspire le dégoût et est réputé abject. On comprend que le salaire ne sera pas le même dans ces différents travaux : la concurrence sera bien plus active dans les travaux faciles, agréables, ouverts à tous, demandant peu d'apprentissage, entourés de la considération publique, que dans les autres, et par cela même ceux qui s'y adonnent devront se contenter d'un salaire moindre.

D'autre part, et par contre, la loi de l'offre et de la demande où la concurrence agit constamment à l'effet d'égaliser les salaires dans les différentes professions, *toutes choses égales d'ailleurs.* Le salaire est-il supérieur dans cet atelier que dans l'atelier voisin, les travailleurs déserteront le second pour se porter vers le premier. Est-il supérieur, toutes choses égales d'ailleurs, dans cette profession que dans cette autre, les bras auront toujours tendance à délaisser la seconde pour la première. Bien entendu, ce mouvement d'équilibre ne se fait pas d'une manière instantanée et avec une précision mathématique : les hommes ne se meuvent pas comme des chiffres, et les phénomènes sociaux ne se gouvernent pas par des lois impérieuses comme celles de la pesanteur. Assez facile d'un atelier à un autre dans une même profession, surtout avec la rapidité actuelle des communications, le passage est beaucoup plus difficile d'un emploi à un autre : un ouvrier mineur ne se fera pas ébéniste ou horloger du jour au lendemain parce qu'il aura découvert que les salaires des horlogers et des ébénistes sont meilleurs que les siens. Le tisseur lyonnais continue à faire battre son métier quatorze ou quinze heures par jour pour gagner 2 fr. ou 2 fr. 25, alors que le peintre en bâtiment et le menuisier gagnent 5 fr. ou 5 fr. 50 par jour à côté de lui : il faut tenir compte des aptitudes, des goûts, de la coutume. Néanmoins, la concurrence poussera constamment les bras vers les travaux les mieux rémunérés et diminuera dans les autres; il y aura, d'un côté, tendance à la hausse, de l'autre, tendance à la baisse, en somme, tendance constante à rétablir l'égalité, ou plutôt l'équivalence.

Voilà comment agit, en cette matière, la loi de

l'offre et de la demande : d'une part, elle engendre l'inégalité des salaires dans les différents emplois, suivant la nature des travaux ; d'autre part, elle tend constamment à égaliser les salaires dans les différents emplois, toutes choses égales d'ailleurs. Voilà la sphère d'application de la formule de Cobden : « Le salaire hausse quand deux maî- » tres courent après un ouvrier ; il baisse quand » deux ouvriers courent après un maître. »

Mais peut-on dire, avec la théorie régnante, que ce soit la loi de l'offre et de la demande qui gouverne les salaires dans leur généralité ? Peut-on dire, avec les économistes classiques, que le taux des salaires dépend uniquement du rapport du capital avec la population ? Nous ne le pensons pas.

D'abord, qu'est-ce ce capital ? Tout le monde sait que l'on distingue deux espèces de capitaux : les uns, sous forme d'améliorations, de bâtiments, de machines, d'instruments de toute sorte, que l'on appelle capitaux *fixes ;* les autres, qui sont les capitaux *circulants.* C'est seulement de ces derniers qu'on entend parler quand on dit que le salaire dépend du rapport du capital avec la population ; les capitaux fixes exercent certainement une grande influence sur la productivité du travail, et, par suite, sur les salaires ; mais il est clair que ce ne sont pas sur eux que sont payés les salaires. C'est donc seulement du capital *circulant* qu'il est ici question. Mais, enfin, que faut-il entendre par là? Il nous faut avouer que nous sommes, ici encore, en désaccord avec la plupart des économistes. On connaît la classification d'Adam Smith, qui a été généralement adoptée par les économistes, et qui range dans la catégorie du capital circulant, avec l'argent, ou plus exactement les instruments de la circulation, tous les objets de consommation qui ne sont pas encore parvenus aux mains du consommateur, mais qui sont soit à l'état brut, soit à l'état de produit achevé ou inachevé, entre les mains des fabricants et marchands. Cette classification ne nous paraît pas scientifique. Dans le capital, facteur de la production, nous ne faisons rentrer rien de ce qui constitue le *produit*. Achevé ou inachevé, matière brute ou préparée, minerai ou fer en barres, laine, fil, tissu ou vêtement, blé, farine ou pain : tout cela est le *produit*, tout cela est l'*objet* et non l'*instrument* de la production; tout cela est *richesse*, mais tout cela n'est pas *capital*; tout cela ne se forme pas par l'épargne comme le capital, mais est le produit du travail *actuel* de l'homme. Et ceci fait que la question n'a peut-être pas une bien grande importance au point de vue de notre démonstration. Si l'on veut faire rentrer dans le capital constituant « *le fonds des salaires* » la houille ou le minerai que le mineur extrait de la mine, la laine que l'éleveur prend sur le dos de ses moutons, le coton, le lin, le chanvre, la soie ou la betterave (toutes choses qui, pour nous, sont des *produits,* et non du *capital*), on nous accordera bien qu'il y aura d'autant plus de houille et de minerai qu'un plus grand nombre d'ouvriers porteront la pioche dans la mine; d'autant plus de laine, qu'un plus grand nombre d'éleveurs élèveront de moutons, et de même des autres produits; et aussi qu'il y aura d'autant plus de ces produits divers que la productivité du travail de tous ces producteurs sera plus considérable. En sorte que, pour ce genre de capital, notre proposition se trouverait dès à présent démontrée, et il paraîtrait évident *a priori* que la part de chacun devra être d'autant plus forte que le nombre des producteurs sera plus grand et que la productivité de leur travail sera plus considérable : par là se trouverait renversée la proposition d'après laquelle le taux des salaires dépendrait du rapport du capital avec la population, proposition vide de sens, puisque c'est la population qui fait le capital !

Nous pensons, au reste, que, quand on avance

que le salaire dépend du rapport du capital avec la population, on a surtout en vue le numéraire, l'argent épargné et placé dans l'industrie et destiné, par conséquent, à payer des salaires. C'est là ce qui constituerait « le fonds des salaires », c'est là ce que les ouvriers auraient à se partager, et c'est le rapport entre cette somme totale et le nombre des ouvriers qui règlerait le taux des salaires. Il est étrange que les économistes classiques soient tombés ici dans l'erreur qu'ils avaient ailleurs si bien réfutée, et qui confond la richesse avec l'argent; il est étrange qu'ils aient à ce point oublié la vraie fonction de l'argent, qui ne sert que d'instrument de circulation, et qui peut être supprimé par la pensée sans que les phénomènes économiques en soient altérés !

Si cependant le numéraire n'existait pas, est-ce que le contrat de salaire ne pourrait pas exister? Est-ce qu'on ne pourrait pas concevoir que celui, par exemple, qui aurait construit un bateau et fabriqué des filets, dise à deux de ses compagnons : Aidez-moi à traîner mes filets, et je vous donnerai un dixième de la pêche? — C'est l'association, cela, dira-t-on. — Soit; mais le salariat n'est pas autre chose qu'une forme de l'association, dans laquelle la part de l'un est fixée à forfait. Dans notre hypothèse, le maître du bateau pourrait aussi, au lieu de promettre un dixième de la pêche, promettre un nombre déterminé de poissons, prenant d'ailleurs toutes les chances bonnes ou mauvaises pour lui. Mais, même dans ce cas, n'est-il pas évident qu'il sera amené à promettre d'autant plus de poissons que la pêche sera généralement plus fructueuse, et que, par conséquent, le concours de ses compagnons lui sera plus profitable? N'est-il pas, d'autre part, évident que nos ouvriers pêcheurs, en échange de leurs poissons, obtiendront une quantité d'autant plus grande d'autres produits, par exemple de gibier, que la quantité de ces produits, spécialement que la chasse de leurs coéchangistes sera abondante? Il apparaît clairement, dans cette hypothèse, que la rémunération des ouvriers dépend, d'une part, de la productivité de leur travail, et, d'autre part, de la productivité du travail de ceux avec lesquels ils échangent leurs produits, et nullement d'un capital-argent, antérieurement épargné, qui n'existe pas ici. Est-ce que l'intervention du numéraire, simple instrument d'échange, peut avoir pour effet de changer tout cela?

Imaginons, pour préciser les idées et débarrasser la question de diverses circonstances qui la compliquent, un petit peuple seul au monde ou isolé du reste du monde. Dans cette petite société, que nous pouvons construire en miniature, sauf à laisser notre pensée l'agrandir ensuite et généraliser, il y a un million d'ouvriers et cent mille entrepreneurs, sans compter les gens adonnés aux professions libérales, aux fonctions publiques, et les oisifs. Nos cent mille entrepreneurs possèdent un capital fixe amorti, et disposent ensemble, tant comme leur appartenant en propre que par suite de prêts qui leur ont été faits par les autres membres, d'un capital circulant montant à la somme totale d'un milliard. Voilà le capital épargné et placé dans l'industrie; voilà ce qui, d'après la théorie classique, constitue « le fonds des salaires »; voilà ce que notre million d'ouvriers aura à se partager; et Mac-Culloch, résumant très nettement les données de l'école, nous a appris que le salaire de chacun, en les rémunérant tous au même taux, sera de 1,000 fr., ni plus, ni moins, et que ce taux ne pourrait s'augmenter que dans le cas où le capital s'accroîtrait plus rapidement que la population, ou dans celui où le nombre des ouvriers se réduirait dans une proportion plus forte que le capital. Il est cependant *a priori,* difficile d'admettre que la condition de nos ouvriers fût sensiblement meilleure par cela seul que notre petite société disposerait d'un capital double, et il est certain que le taux des salaires en Angleterre est supérieur au taux des salaires français, bien que l'Angleterre possède un stock de numéraire très inférieur à celui de la France ! Le sort des ouvriers anglais aurait dû se détériorer par cela seul que l'Angleterre, grâce au merveilleux système de compensation que l'on sait, a trouvé le moyen de se passer de numéraire dans le règlement d'une masse énorme de transactions !

Pénétrons cependant dans la boutique d'un de nos cent mille entrepreneurs. C'est un fabricant de chaussures ; il dispose, nous le supposons, d'un capital de 10,000 fr. (1,000,000,000 : 100,000 = 10,000) ; il a 10 ouvriers (1,000,000 : 100,000 = 10). Avec cela, il achète des matières premières, il entretient son matériel, et puis aussi il commence à payer les salaires de ses ouvriers, qui ne peuvent pas attendre. Mais est-ce ce maigre capital, qui a plus d'une destination, qui servira exclusivement à payer les salaires ? Mais non ! C'est un fonds de roulement, nécessaire à toute entreprise, parce que tout entrepreneur doit payer avant d'avoir rien reçu. Mais ce fonds serait bientôt épuisé s'il n'était sans cesse renouvelé ! Et comment se renouvelle-t-il? Par les ventes que fait tous les jours notre marchand, c'est-à-dire par l'effet même du travail des ouvriers, par leur production et par l'échange de leurs produits. Chaque jour, le fabricant vend les chaussures que ses ouvriers ont faites la veille ou l'avant-veille, et il reçoit en échange de nouvelles valeurs qui reconstituent incessamment son capital. Il gagne un certain profit sur chaque paire de chaussures faite par ses ouvriers et vendue par lui; mais n'est-il pas évident que plus ses ouvriers feront de paires de chaussures, et plus il en pourra vendre, plus il fera de profits, plus, par conséquent, il sera à même de donner de hauts salaires? Remarquez bien que ce qui vient ainsi chaque jour reconstituer le capital de notre entrepreneur, ce qui refait incessamment la masse sur laquelle sont payés les salaires, ce n'est nullement du capital antérieurement épargné et placé dans l'industrie : c'est le produit des consultations de l'avocat ou du médecin, du pain vendu par le boulanger, des arrérages touchés par le rentier : en un mot, c'est une partie du revenu de chacun. Manifestement, la masse à partager provient du travail des ouvriers, et augmente en même temps que les produits de ce travail. Manifestement, plus cette masse sera considérable, c'est-à-dire plus les ouvriers auront produit, plus le salaire pourra et devra s'élever. Quelles objections peuvent être faites à cette théorie?

Qu'est-ce qui empêchera votre fabricant, dira-t-on, s'il fait des profits extraordinaires, de les garder pour lui? — La libre concurrence! Sous un régime de libre concurrence, il est impossible, sauf le cas de secret industriel ou de brevet d'invention, qu'un entrepreneur fasse longtemps des profits extraordinaires. Cela surtout est impossible quand ces profits proviennent de l'activité personnelle des ouvriers; et il arrivera infailliblement de deux choses l'une : ou que ces ouvriers, ayant conscience de leur valeur, réclameront et obtiendront un salaire supérieur, si même le patron, équitable et prévoyant, ne va pas au-devant de leurs réclamations; ou que la concurrence suscitera des rivaux, qui, pour avoir ces ouvriers d'élite ou leurs pareils, offriront de meilleurs salaires. Notez que le patron lui-même a intérêt à retenir ces ouvriers et à stimuler leur zèle par l'abandon d'une partie des profits extraordinaires qu'il doit à leur activité; car le coût de son établissement, de son capital fixe, tous les frais généraux restent les mêmes. Mettons que notre entrepreneur paie 4 fr. par jour à chacun de ses ouvriers, qui lui donnent ensemble un produit brut égal à 100, et qu'il leur fasse l'offre suivante : « Si vous arrivez à produire 25 %, de plus, j'augmenterai de 25 %, vos salaires » : est-ce que ce pacte, s'il est exécuté, ne sera pas avantageux aux deux parties? Le patron paiera chaque jour 10 fr. de plus en salaires, donnant à chacun de ses 10 ouvriers 5 fr. au lieu de 4; mais il aura un produit bruit de 125 au lieu de 100; et, en admettant même que le coût de la matière première soit égal au coût de la main-d'œuvre, il lui restera aux mains un boni de 5 fr. Quelle que soit la proportion, le profit est certain pour les deux parties, par la raison que nous avons dite : les frais généraux de toute nature restent les mêmes. Les profits peuvent donc augmenter en même temps que les salaires. Bien mieux, ils peuvent augmenter précisément parce que les salaires eux-mêmes ont augmenté. C'est le contrepied de la désolante proposition de Ricardo : « Le taux des profits dépend du taux des salaires; » il s'élève ou s'abaisse suivant que le taux des » salaires s'abaisse ou s'élève » : d'où résulterait un antagonisme fatal entre patrons et ouvriers. Quand Ricardo a écrit cela, il a oublié que le salaire n'est pas le prix d'une marchandise comme une autre, mais la rémunération d'un être intelligent et libre, capable de donner plus ou moins, suivant ce qu'il reçoit lui-même et la manière dont on le traite.

Une seconde objection peut être faite à notre théorie : le prix des produits fabriqués se réglant généralement sur les frais de production, n'arrivera-t-il point, si l'ouvrier produit plus, que les prix baisseront au lieu que les salaires augmentent? Observons que, même dans cette hypothèse, la situation de la classe ouvrière n'en serait pas moins améliorée. Si, dans tout genre de production, par suite d'une plus grande abondance de produits, les prix baissaient, l'ouvrier, avec son salaire, serait à même de se procurer plus de satisfactions en tous genres et de consommer davantage. D'ailleurs, la diminution des frais de production n'entraîne la baisse des prix que lorsqu'elle est générale et simultanée. Tant qu'elle n'est que locale et individuelle, elle ne produit qu'une hausse des profits et doit naturellement produire, par suite, une hausse des salaires. La hausse des salaires préviendra, du moins en partie, la baisse des prix; l'ouvrier, par l'augmentation de son salaire, sera mis à même d'acheter et de consommer davantage, et cette augmentation dans la demande des produits tendra à prévenir la baisse des prix. N'oublions pas, enfin, qu'il s'agit d'une augmentation de production provenant de la bonne volonté de l'ouvrier : si son salaire n'en était pas amélioré, il produirait moins.

Imaginons maintenant que le progrès que nous avons supposé dans un atelier déterminé se soit généralisé, et qu'en tout genre de travail la production soit augmentée de 25 % par suite d'un effort plus grand des travailleurs : que se produira-t-il ? Vraisemblablement, une hausse des salaires combinée avec une baisse des prix. La hausse des salaires se produira, comme on l'a vu, progressivement, en même temps qu'augmentera la puissance productive du travail, parce que cette augmentation de production, dépendant de la volonté même de l'ouvrier, ne se produira qu'à la condition d'une augmentation de salaire. La baisse des prix se produira parce que les frais de production auront été diminués d'une manière absolue, que la demande des produits n'augmentera pas dans toute la proportion de l'augmentation des salaires et aussi que la quantité du numéraire sera restée la même. Or, si, d'une part, les salaires augmentent, et si, d'autre part, les prix de toutes choses diminuent, il est clair que la situation des ouvriers sera doublement améliorée. Il est impossible qu'une augmentation de production provenant du fait des ouvriers n'amène pas une amélioration des salaires et de la condition des ouvriers; de même qu'une diminution de puissance productive doit fatalement amener une diminution des salaires et une hausse des prix, en somme, une double détérioration dans la condition de l'ouvrier. Il faudrait que les ouvriers comprissent cette vérité essentielle!

Une troisième objection peut encore être faite à notre théorie : Si les ouvriers de votre fabricant produisent davantage dans la proportion, par exemple, de 25 %, et que le fabricant vende, par suite, plus de chaussures, d'autres en vendront moins ; et le supplément de salaire qu'il sera capable de donner à ses ouvriers, d'autres ouvriers, désormais inoccupés, le recevront en moins. — Nous connaissons ce raisonnement; nous l'avons rencontré dans la bouche d'une foule d'ouvriers dans l'enquête sur la crise industrielle. Il a le tort de considérer le travail, c'est-à-dire la production et la consommation, comme une quantité fixe et déterminée, en sorte que l'ouvrier, en produisant davantage, ferait tort à ses camarades et se ferait tort à lui-même. Il est d'autant plus nécessaire de combattre ce préjugé qu'il est plus répandu dans la classe ouvrière. Chacun regarde dans sa sphère, où la quantité du travail semble déterminée par les besoins actuels, et il lui semble que, plus on en fait, moins il en reste à faire ; mais c'est là une vue bornée. Considérons, pour nous en convaincre, notre petite société. Dans l'hypothèse où tous les ouvriers cordonniers produiraient par leur activité personnelle 25 % de plus, nous avons vu que le résultat serait une hausse des salaires combinée avec une diminution des prix. Dans une semblable industrie, la consommation ne serait pas notablement augmentée par la baisse des prix, bien qu'elle doive l'être dans une certaine mesure. Mais, en même temps que nous voyons une certaine quantité de main-d'œuvre rendue disponible pour exercer une industrie nouvelle, nous voyons les moyens d'acquisition accrus, et chez les ouvriers cordonniers par la hausse des salaires, et chez tous les clients par la baisse des prix, de manière à les mettre à même d'acheter les produits de cette industrie nouvelle. Et, s'il n'y a pas d'industrie nouvelle à créer, ils augmenteront la production dans une industrie préexistante. Il n'y a qu'à suivre le développement du luxe en ce siècle, où tant de gens cependant manquent encore du nécessaire, pour reconnaître l'expansibilité indéfinie des besoins de l'homme. Il faut bien comprendre que toute économie dans l'effort nécessaire pour la satisfaction d'un besoin quelconque se traduit nécessairement par un accroissement de bien-être pour la communauté, puisqu'elle a pour conséquence, d'une part, accroissement de la force disponible pour une production plus abondante, d'autre part, accroissement de la puissance d'achat pour une plus grande consommation.

Résumons ce qui ressort des constatations qui précèdent. Le capital antérieurement épargné n'est pas autre chose qu'un fonds de roulement aux mains des entrepreneurs. C'est bien lui qui sert à payer les premiers salaires ; mais c'est une simple avance, et à la condition qu'il soit incessamment reconstitué. Or, il est reconstitué par l'échange des produits et par les valeurs qui les représentent. Voilà ce qui fait la masse à partager : c'est le produit de l'atelier social. Plus la production sera considérable, plus croîtra la masse sur laquelle sont payés les intérêts du capitaliste, la rente du propriétaire, les profits de l'entrepreneur et les salaires de l'ouvrier, et plus, par conséquent, ceux-ci devront naturellement s'élever, si la répartition est équitable.

Si la masse à partager n'est pas, comme l'ont répété les économistes, le capital antérieurement épargné, mais bien le résultat du travail *actuel,* le produit brut de l'atelier social, on ne comprend pas bien comment les salaires, dans leur généralité, seraient régis par la loi de l'offre et de la demande ; on ne comprend pas bien comment le salaire dépendrait du rapport entre le capital et la population. Est-ce que, dans l'hypothèse que nous avons faite, si notre société, à laquelle nous avons attribué un capital d'un milliard, comptait deux millions d'ouvriers au lieu d'un, chacun d'eux recevrait une rémunération moitié moindre ? Mais pourquoi donc ? Si la masse à partager est, non pas l'argent épargné et placé, qui ne sert que d'instrument de circulation, mais le produit de l'atelier social, est-ce que cette masse n'augmentera pas en proportion du nombre des producteurs? Ne devrait-elle pas même croître plus que proportionnellement ? Est-ce que l'argent est autre chose qu'un instrument d'échange, un bon d'achat, qui circulera d'autant plus vite que les échanges seront plus nombreux et plus variés ?

Contrôlons maintenant la théorie par les faits. Si le taux des salaires dépendait du rapport du capital à la population, pourquoi cette dépression actuelle des salaires en France, accusée par ce fait que, sur quatre-vingts grèves qui ont éclaté en 1884, plus de la moitié ont eu pour cause une réduction de salaire imposée par les patrons ? Peut-on dire et prouver que le capital de la France ait diminué? Objectera-t-on le chiffre des successions déclarées, qui était en 1880, à son maximum, de 5,265 millions, et qui n'est, en 1884, que de 5,040 millions ? — Mais ce chiffre est encore très supérieur à celui de 1876 (4,701 millions), de 1877 (4,438 millions), de 1878 (4,748 millions) et même de 1879 (5.003 millions). Cela prouve simplement que les valeurs de bourse subissent des oscillations, qu'elles avaient baissé en 1884, que la valeur vénale de la terre aussi avait baissé ; mais en quoi cela prouve-t-il que le capital épargné et placé, que ce que les économistes ont appelé « le fonds des salaires » ait diminué? Nous croyons, au contraire, que l'épargne nationale a été en augmentant : c'est du moins ce que semble bien prouver le mouvement de nos caisses d'épargne.

Pourquoi les salaires se sont-ils élevés aux États-Unis, au point de surpasser tous ceux du Vieux-Monde ? Pourquoi les salaires agricoles y ont-ils augmenté de 80 à 100 % depuis 1850, alors que le chiffre de la population passait de

23 millions à plus de 50 millions? Peut-on affirmer que le capital des États-Unis soit supérieur, comparativement à la population, à celui de l'Angleterre, par exemple? Peut-on affirmer que ce capital ait plus que doublé depuis 1850, parallèlement à la population ?

Que si l'on admet que le taux des salaires dépend surtout de la productivité du travail, les différences et les variations constatées s'expliquent parfaitement. Les salaires diminuent maintenant en France, sans qu'on puisse dire que le capital social ait diminué, parce que, sous l'influence d'une longue crise, toutes les affaires se sont restreintes et les profits ont diminué avec la productivité du travail. Comment les salaires ne baisseraient-ils pas, quand nos exportations diminuent de 100 millions par an?

En 1882 : 3,574,000,000 fr.
— 1883 : 3,454,000,000
— 1884 : 3,350,000,000

Et ce ne sont pas seulement nos exportations, c'est le mouvement général de notre commerce qui se restreint; on peut constater la décroissance parallèle de nos importations :

En 1880 : 5,000,000,000 fr.
— 1881 : 4,863,000,000
— 1882 : 4,821,000,000
— 1883 : 4,804,000,000
— 1884 : 4,525,000,000

Voilà de quoi donner à réfléchir tout à la fois et aux partisans de la balance du commerce et à ceux qui pensent que le taux du salaire dépend mathématiquement du montant du capital : il dépend surtout de la productivité du travail ! Stuart Mill donne, d'un pareil état de choses, une explication qui nous paraît superficielle : « *Capital which the owner does not employ in purchasing labour, but keeps idle in his hands, is the same thing to the labourers, for the time being, as if id did not exist.* » — Mais, quand les affaires ne vont pas, quand il y a crise, ce n'est pas du tout que chacun garde par devers soi son argent et thésaurise. Nous sommes en pleine crise aujourd'hui ; et, comme on dit souvent, l'argent est rare : les créanciers sont très pressés et les débiteurs sont très retardataires. Ce n'est pas du tout qu'il y ait moins de capital, ou que chacun garde son capital inactif ; mais c'est que le capital circule moins. Ce qui fait la différence et produit l'illusion, c'est que, en temps de prospérité, le capital, circulant beaucoup plus rapidement, paraît beaucoup plus abondant.

Nous avons constaté que, pour une période égale, l'augmentation des salaires avait été supérieure dans les filatures à celle qui s'est manifestée dans les autres branches d'industrie : ne serait-ce point que les machines et les métiers y ont développé à un plus haut point la productivité du travail? En Italie, les ouvriers des manufactures de laine sont les mieux payés de tous : aussi savons-nous, d'ailleurs, que c'est une des branches les plus florissantes de l'industrie italienne. L'industrie la plus prospère de la Suisse est l'horlogerie, et c'est là aussi que les ouvriers sont le plus largement rémunérés : à Genève, ils ont de 4 à 20 fr. par jour; à Bienne (canton de Berne), jusqu'à 12 à 15 fr. par jour. Comment s'est produite, en France, l'augmentation des salaires jusqu'à ces derniers temps? Elle s'est produite à la suite de la rapidité et de l'exagération des constructions à Paris[1]. C'est à cause des hauts profits obtenus ou espérés dans cette industrie que les

---

[1] V. la déposition de M. Dietz-Monnin, dans les *Procès-verbaux de la Commission d'enquête sur la crise industrielle*, p. 322.

salaires y ont haussé, entraînant tous les autres à leur suite, sans qu'on puisse dire que le capital du pays ait alors augmenté. La spéculation a, à cet égard, le même effet qu'une grande productivité réelle; seulement, l'effet ne dure qu'un temps et cesse dès que la spéculation est désabusée.

Les salaires sont notablement supérieurs aux États-Unis à ce qu'ils sont dans tous les pays d'Europe, même en Angleterre, et les raisons en sont faciles à découvrir. Pour les salaires agricoles, la production et l'exportation des céréales a été jusqu'à ce jour la principale industrie des États-Unis; les cultivateurs du Nouveau-Monde, ayant la terre à peu près pour rien, une terre vierge et qui ne demandait pas d'engrais, ont pu faire de grands profits dans l'industrie agricole, à raison d'une demande locale qui a suivi l'augmentation de la population et surtout d'une exportation qui s'est développée dans des proportions énormes : ils ont été par là mis à même d'offrir de hauts salaires pour se procurer des bras. Sans parler de la période qui a suivi la guerre de sécession, et où le taux énorme des salaires agricoles provenait de la rareté relative dans les campagnes de la main-d'œuvre, qui s'était portée en foule vers l'industrie manufacturière, on peut suivre pas à pas la hausse des salaires agricoles, à partir de 1879, dans les tableaux des exportations des céréales des États-Unis :

En 1878 : 180,331,000 boisseaux.
— 1879 : 228,000,000   —
— 1880 : 289,300,000   —
— 1881 : 275,000,000   —
— 1882 : 161,000,000   —

A partir de 1881, l'exportation décroît, parce que les profits diminuent, les fermiers restreignent leurs cultures, et c'est, comme nous l'avons dit, la preuve certaine que les salaires doivent baisser : il suffit, d'ailleurs, pour affirmer la baisse des salaires agricoles, de connaître la dépression notable des salaires industriels aux États-Unis : les salaires tendent toujours à s'égaliser. Or, un document quasi-officiel établit qu'aux États-Unis, à la fin de 1884, le nombre des ouvriers sans ouvrage était d'environ 350,000 : les réductions de salaire ont porté sur trente-huit sortes d'industries, que ce document groupe sous six grandes catégories : les *produits alimentaires*, les textiles, les métaux, l'exploitation du bois, l'industrie du bâtiment et celle des peaux et cuirs.

Voici un autre exemple où nous allons voir les salaires décroître avec la productivité du travail. Nous avons constaté que les salaires, en France, ont généralement haussé depuis la moitié du siècle jusqu'à ces dernières années dans une forte proportion. Il est toutefois une industrie qui a fait exception à la règle, l'industrie de la soierie de Lyon. Nous voyons, dans le rapport de M. de Lanessan à la Commission d'enquête sur la crise industrielle, que le mouvement de la diminution des salaires dans la grande industrie lyonnaise date d'une quinzaine d'années. En 1869, les ouvriers tisseurs obtinrent l'établissement d'un tarif portant une augmentation de 15 à 25 %. Pendant 5 ou 6 ans, ce tarif fut respecté par les fabricants; il commença à être contesté vers 1876. *Depuis cette époque, les salaires ont subi un abaissement graduel.* « D'après tous les renseignements que » nous avons pu recueillir, dit le rapporteur, il » ne nous est pas possible de fixer à plus de 2 fr. » ou 2 fr. 25 le rapport moyen d'un métier bat- » tant pendant 14 ou 15 heures par jour. » — En veut-on savoir la raison? Voici la décroissance de l'exportation de l'industrie lyonnaise depuis 15 ans.

Valeurs en millions.

En 1871 : 483.1.   En 1877 : 259.2.
— 1872 : 437.8.   — 1878 : 252.9.
— 1873 : 478.6.   — 1879 : 226.7.
— 1874 : 415.9.   — 1880 : 234.3.
— 1875 : 376.5.   — 1881 : 245.1.
— 1876 : 295.9.

Nous avons rencontré dans un petit pays, dans une civilisation différente de la nôtre, un autre exemple qui nous a paru topique. Pourquoi, en Norwège, les salaires ont-ils baissé de 25 % depuis 1875, alors que le nombre des ouvriers employés dans les établissements industriels diminuait de 8 %, et que le nombre des établissements industriels augmentait de 27 %, ce qui semble bien accuser une augmentation du capital social? Pourquoi, si le taux des salaires dépendait du rapport entre le capital et la population ouvrière?

Roscher nous dit : « Il arrive, dans les colonies » nouvelles, que l'élévation du salaire se trouve » favorisée par l'abondance des capitaux en argent » apportés par les immigrants, ou qui résultent » des dépenses publiques, etc. » — Nous répondons que c'est bien plutôt par la grande productivité du travail; et la preuve, c'est que le plus souvent, dans les mêmes colonies, l'intérêt de l'argent est très élevé.

Mac-Culloch, d'autre part, nous affirme que la cause immédiate de la misère des cottagers irlandais est le développement excessif de la population, qui a quadruplé, de 1731 à 1831, par rapport au capital. — Nous aimerions à savoir ce qu'il entend ici par capital. Cette explication de la misère irlandaise peut être commode pour les Anglais; elle ne nous paraît point tout à fait suffisante, et nous croyons, nous, que le régime terrien de l'Irlande, et l'absence d'industrie en sont les causes directes. L'ouvrier américain est le mieux payé du monde, quoique la population y marche d'un pas plus rapide qu'elle n'ait jamais fait en Irlande : l'explication en est que les salaires dépendent avant tout de la productivité du travail.

On nous objectera peut-être l'exemple de l'Australie. N'est-ce pas à cause de la rareté de la main-d'œuvre que les salaires sont si élevés dans ce pays, bien que le coût de la vie n'y soit pas supérieur à ce qu'il est dans nos pays, si même il n'est pas inférieur? — Il faut s'entendre! Nous ne nions pas qu'un capital abondant importé pour l'exploitation et la mise en valeur d'un pays neuf, et qui n'y trouve qu'une main-d'œuvre insuffisante, ne soit par là même forcé de l'attirer par l'appât de hauts salaires ; mais encore est-il que ce taux élevé ne pourra se maintenir que si le taux des profits le permet ; et il n'en sera pas moins vrai de dire que les salaires, là comme ailleurs, dépendent surtout de la productivité du travail.

Il faut que notre pensée soit bien comprise. Nous n'entendons pas nier que l'abondance ou la rareté du capital et des bras soit de nature à exercer une influence sur les salaires. Et d'abord, le capital fixe tend constamment à accroître la productivité du travail, et nous devons en conclure qu'il exerce une influence puissante et salutaire sur les salaires. Quant au capital circulant, plus il est abondant, plus se développe l'esprit d'entreprise, plus l'activité industrielle prend d'essor, plus, par conséquent, la production générale augmente. D'autre part, la rareté des bras tend évidemment à faire hausser les salaires, non pas parce que la masse se partagerait entre un plus petit nombre de prenants-part, mais parce que l'insuffisance de la production fait hausser le prix des produits. Et ce n'est pas une raison pour prononcer que l'abondance de la main-d'œuvre en doit nécessairement faire baisser le taux ; car l'élévation du prix n'est ni la seule cause, ni la plus puissante qui détermine les profits, et par suite les salaires.

En résumé, la masse à partager, c'est le produit brut du travail social, et non le capital antérieurement épargné, qui ne sert (et son rôle est assez important), qu'à mettre la machine en mouvement et à faire circuler les richesses incessamment produites. Il en faut conclure que la part de chacun des producteurs de la richesse doit naturellement être d'autant plus grande que la masse à partager est plus considérable, et, par suite, que le taux des salaires dépend surtout de la productivité du travail. Si les salaires ont partout haussé comme ils l'ont fait depuis 1850 jusqu'à la crise actuelle, nous n'hésitons pas à en attribuer la cause principale aux inventions industrielles qui se sont multipliées, surtout à la révolution qui s'est opérée partout dans les moyens de transport, et qui, plus qu'aucune autre cause peut-être, a contribué à développer la productivité du travail. N'est-il pas remarquable que les deux pays du monde où les salaires soient le plus élevés, l'Australie et les États-Unis, sont aussi ceux qui se placent, et très loin, au premier rang au point de vue du développement des voies ferrées par rapport à la population[1]. Nous n'entendons certes pas établir entre ces deux phénomènes une relation nécessaire; plus d'un exemple contraire pourrait nous être opposé : c'est que le développement des moyens de communication n'est pas la seule cause qui agisse sur la productivité du travail; mais c'est une des plus puissantes.

Ce n'est donc pas la loi de l'offre et de la demande qui règle souverainement, comme on l'a dit, le taux des salaires. Nous avons reconnu l'influence et le fonctionnement de cette loi en matière de salaires : elle différencie, d'une part, le taux des salaires suivant la nature des travaux; elle tend, d'autre part, à égaliser les salaires, toutes choses égales d'ailleurs, dans les différentes professions. Mais qu'on ne nous dise pas que c'est elle et elle seule qui détermine les salaires dans leur généralité : nous ne comprenons plus! On dit que le salaire dépend du rapport de la population ouvrière et de la masse à partager. Nous répondons oui; mais la masse à partager dépend elle-même essentiellement du nombre de la population ou-

---

[1] V. *La situation des divers pays civilisés au point de vue du réseau des chemins de fer,* par M. Paul Leroy-Beaulieu (*Économiste français*, 1885-1, p. 97).

vriere et de la productivité de son travail! —
Mais, dira-t-on peut-être, cette masse à partager
n'est-elle pas essentiellement limitée dans un pays
vieux et complètement exploité? — Non; car,
outre que la production de ce pays est susceptible
d'un accroissement dont nul ne peut prédire les
limites, l'échange supprime les frontières et ouvre
à la productivité du travail un essor indéfini. Et
vraiment, ce n'est pas chez nous qu'il est permis
d'oublier cela, dans un pays qui exporte annuellement pour un milliard et demi d'objets fabriqués!

Est-ce à dire qu'il n'y a pas de loi qui détermine
le taux des salaires? Nous n'en apercevons pas
d'autre que celle d'une juste répartition. Supposons que le propriétaire d'un bateau s'entende
avec un certain nombre de pêcheurs pour mettre
en commun, lui son bateau et ses filets, eux leur
travail, et partager par moitié le produit de la
pêche : quel sera le salaire de ces pêcheurs?
Ce que le fera leur travail, joint au hasard, qui
se mêle un peu de toutes les choses humaines :
plus la pêche sera abondante, plus ils recevront.
La situation est, au fond, la même pour les salariés, quoique plus compliquée, et, si l'on peut
dire, plus intriguée. Il y a toutefois une différence

qui saute aux yeux, mais qui n'est pas essentielle entre les salariés ordinaires et les associés dont nous parlions tout à l'heure. Pour ceux-ci, la base de la répartition est fixée par l'acte même de société, tandis que les salariés ordinaires reçoivent, non une quote-part de la production, mais un salaire fixé d'avance et à forfait, et c'est pour cela qu'on perd de vue la relation étroite et nécessaire qui existe entre leur salaire et leur produit. Cependant le salaire n'est que la représentation anticipée de la part qui doit leur revenir dans la production, et il doit naturellement varier avec elle !

Oui, il y a un salaire *naturel* : c'est la juste part qui correspond, dans le partage des produits, à l'apport, à la mise, à la collaboration du salarié. Ne peut-on pas concevoir théoriquement un partage dans lequel chacun aurait exactement ce qui lui revient : l'entrepreneur ayant des profits qui correspondent à son travail de direction et qui couvrent les chances de perte qui lui incombent, comme une prime d'assurance; l'ouvrier recevant le juste salaire qui lui est dû d'après la part qu'il a prise à l'œuvre de la production? Voilà le salaire *naturel.* Pour que cet idéal soit réalisé, pour que du moins on s'en rapproche autant qu'il est possible, nous ne voyons qu'un moyen : c'est de

mettre les parties contractantes sur un pied d'é-
galité parfaite de droits et de laisser agir pleinement la libre concurrence.

La raison nous dit que, si le capital et le travail
d'un pays étaient deux unités abstraites, mises
sur un pied d'égalité parfaite, chacune obtiendrait
dans le partage la part qui lui revient naturellement. Car, si l'on considère abstraitement le travail et le capital dans leur ensemble, il est clair
que ces deux facteurs de la production sont également indispensables l'un à l'autre et très capables
de s'équilibrer : il serait puéril de rechercher si
le travail est plus dans la dépendance du capital
que le capital n'est dans la dépendance du travail !
Imaginons qu'un beau matin tout travail cesse
par une grève universelle : les capitalistes ne
seraient pas moins réduits à l'extrémité que les
travailleurs; car la subsistance manquerait pour
tous. On se trompe quand on affirme que le travail est dans la dépendance du capital. Ce qui est
vrai, c'est que le travailleur isolé peut se trouver
dans la dépendance du capitaliste : celui-ci peut
généralement attendre en vivant sur son capital,
tandis que l'autre ne le peut pas. Mais ceci est
une inégalité de *fait,* qui n'est pas l'œuvre de la
loi et que la loi n'a ni le droit, ni le pouvoir de

corriger. Tout ce que la loi peut et doit faire, c'est mettre les deux parties, patrons et ouvriers, sur un pied d'égalité de *droit* complète. Or, cela comporte nécessairement le droit pour les ouvriers de se concerter et de s'unir. Puisque le travail, dans son ensemble, est tout aussi fort que le capital, les travailleurs pourront, en s'unissant, constituer une force très capable de faire respecter leurs droits et d'assurer l'égalité du partage.

La loi naturelle qui régit les salaires n'est autre que celle d'une équitable répartition, assurée par la libre concurrence; quant au salaire lui-même, il dépend essentiellement de la productivité du travail, qui fait plus ou moins grande la masse à partager.

Le salaire naturel tel que nous le comprenons, celui qui représente exactement la juste part qui revient à l'ouvrier d'après sa collaboration, n'est pas toujours le salaire courant. Bien des causes, les unes naturelles, les autres artificielles peuvent influencer le taux des salaires. Les principales de ces causes sont le coût de la vie, la coutume, l'intervention législative, les coalitions et les grèves : nous allons les passer successivement en revue.

CHAPITRE III.

De l'influence du coût de la vie sur les salaires.

Nous avons répudié la vieille théorie d'après laquelle le salaire naturel serait déterminé par ce qui est nécessaire à la population ouvrière pour vivre et se perpétuer dans la même condition : dans cette désolante théorie, le coût de la vie aurait une influence nécessaire et décisive sur le taux des salaires.

Quelle influence devons-nous reconnaître au coût de la vie sur les salaires? Il nous semble qu'on peut la formuler ainsi : Le coût de la vie détermine un taux *minimum* au-dessous duquel le salaire ne peut descendre d'une manière permanente; les fluctuations du coût de la vie ont une tendance à se répercuter sur les salaires; mais cette tendance n'a rien de nécessaire, au moins quand les prix des subsistances baissent; enfin, le coût de la vie ne détermine nullement le maximum des salaires.

Et d'abord, le coût de la vie fixe la limite au-dessous de laquelle le salaire ne peut pas tomber d'une manière permanente. Ceci est une question de bon sens, et nous avons reconnu que le prétendu salaire naturel des économistes était, en réalité, un salaire *minimum*. Si le salaire tombait au-dessous de ce qui est strictement nécessaire à l'ouvrier pour vivre, la population ouvrière serait bientôt réduite, la production tomberait au-dessous des besoins de la consommation, les prix et, avec eux, les profits et les salaires se relèveraient. Les salaires se relèveraient, non pas précisément parce que la population serait moins nombreuse par rapport au capital; mais parce que la production serait devenue insuffisante et les besoins de la consommation exigeant un plus grand nombre de bras, force serait de les entretenir.

Il faut toutefois se hâter d'ajouter que le minimum nécessaire à l'ouvrier pour vivre n'est pas un niveau absolu et fixe, mais essentiellement variable suivant les temps, les climats et surtout les habitudes. Nous en avons déjà fait la remarque, en réfutant la théorie du salaire naturel. Bien des faits pourraient être cités à l'appui : c'est certainement une des raisons pour lesquelles le salaire est inférieur en Italie à ce qu'il est en France, et, en France, à ce qu'il est en Angleterre ; d'abord le climat permet à l'homme du midi de se contenter de moins que l'homme du nord, au point de vue du vêtement, du logement et de l'alimentation ; et puis, l'ouvrier français s'est créé des besoins, une manière de vivre, un confort supérieur à l'ouvrier italien, et il en est de même de l'ouvrier anglais vis-à-vis de l'ouvrier français. Or l'habitude est une seconde nature, et, sous son influence, ce qui n'était d'abord que désir devient bientôt besoin, puis impérieuse nécessité. On pourrait trouver à chaque page de la récente enquête sur la crise industrielle la preuve de ce qu'on vient d'avancer. « Les ouvriers étrangers, nous disent les carre-» leurs, sont payés 5 fr. 50 et 5 fr. par jour (au lieu » de 9 fr.) ; mais *nous n'avons pas pu abaisser nos* » *prix.* » — « *Les étrangers travaillent à moitié* » *prix,* et nous font un tort considérable, disent » les peintres en bâtiment de la société La Réno-» vation. » — « Ce qui nous fait du tort, disent » les scieurs de pierre dure, ce sont les tâcherons » et les étrangers, *qui travaillent à vil prix :* ils » logent en garni et se mettent dix dans la même » chambre. » — Dans presque toutes les dépositions, on retrouve la même idée. Pourquoi le Chinois est-il un épouvantail pour l'ouvrier américain? Parce que, par son genre de vie et sa sobriété extrême, il peut se contenter d'un salaire très réduit, avec lequel l'ouvrier américain serait incapable de vivre.

Nous avons été frappé de ce fait qu'à Périgueux les salaires sont généralement moitié moindres qu'à Bordeaux, dans la même région. En voici sans doute une des raisons : à Périgueux, on mange 50 kil. de viande annuellement par tête d'habitant contre 77 à Bordeaux[1].

Il est bien entendu, quand nous disons que le coût de la vie détermine un salaire minimum, que nous ne voulons pas dire que le salaire courant ne tombera jamais au-dessous de ce minimum; mais seulement qu'il n'y pourra pas descendre d'une manière permanente. On a même remarqué depuis longtemps qu'une cherté extraordinaire pouvait avoir pour conséquence d'abaisser, au moins momentanément, les salaires. La raison en est simple : une cherté extraordinaire resserre le pouvoir de consommation de chacun, et un plus grand nombre d'hommes sont obligés de travailler

[1] *Statistique de la France pour 1881.*

pour vivre; or, nous n'avons pas entendu contester qu'une augmentation subite et considérable de l'offre du travail n'ait pour conséquence, au moins momentanément, de déprimer les salaires.

Nous avons dit encore que les fluctuations du coût de la vie ont une tendance à se répercuter sur les salaires. Quand le prix des subsistances vient à hausser, le salaire réel diminuant, l'ouvrier est immédiatement porté à demander une augmentation de son salaire nominal. Par contre, si le prix de toutes les choses nécessaires à la vie vient à baisser, l'ouvrier acceptera plus facilement une diminution de salaire, par cela seul que sa situation ne sera pas changée et qu'il pourra continuer son genre de vie antérieur.

Nous avons dit enfin que le coût de la vie ne détermine nullement le maximum du salaire; en d'autres termes, qu'il n'y a pas de corrélation constante et nécessaire entre le taux des salaires et le prix des subsistances. Une foule de faits peuvent être cités. Nous avons vu qu'aux États-Unis et en Australie les salaires sont très supérieurs à ce qu'ils sont dans les pays d'Europe, bien que le coût de la vie ne soit pas supérieur aux États-Unis dans la même proportion, et qu'il soit plutôt inférieur en Australie. Nous avons vu que les salaires agricoles, aux États-Unis, sont juste moitié moindres dans les États du Sud que dans les États de l'Est, bien que le coût de la vie n'y doive pas être sensiblement différent. Nous avons vu que les salaires en France ont augmenté d'environ 65 $^o/_o$ de 1853 à 1881, bien que le coût de la vie n'ait augmenté que dans une proportion bien moindre. Une autre preuve encore, c'est que les salaires des domestiques ont augmenté plus encore que ceux des ouvriers, bien que, pour eux, le coût de la vie ait plutôt diminué; car ils n'ont à payer ni la nourriture, ni le logement, les seuls articles de dépense qui aient subi une hausse de prix, tandis que le vêtement a bien plutôt baissé. N'est-il pas évident, enfin, que, si le coût de la vie avait une décisive influence sur le taux des salaires, on ne verrait pas dans la même localité des différences de salaire allant du simple au double, et même au delà, et nous en avons eu maint exemple.

Si donc on doit reconnaître au coût de la vie une certaine influence sur les salaires, il faut dire aussi que cette influence n'est pas nécessaire, ni constante, et que, si elle fixe la limite, d'ailleurs très variable, au-dessous de laquelle le salaire ne saurait se maintenir, elle ne détermine nullement une limite au-dessus de laquelle il ne pourrait monter.

L'influence du coût de la vie sur les salaires est d'ailleurs réciproque; et il ne faut pas perdre de vue que la hausse des salaires, à moins qu'elle ne soit suivie d'une augmentation dans la productivité du travail, a pour conséquence naturelle une hausse dans les prix, soit parce que les frais de production en sont augmentés, soit parce que le pouvoir d'acquisition des ouvriers est accru et la concurrence plus vive.

CHAPITRE IV.

De l'influence de la coutume sur les salaires.

Il est une autre cause qui exerce sur les salaires une assez grande influence, c'est la *coutume*, et nous entendons par là, dans le sens le plus large, les mœurs, les usages reçus, les habitudes. Bien des anomalies qui nous étonnent dans les salaires n'ont peut-être pas d'autre cause que celle-là.

N'est-il pas manifeste, par exemple, que les gages des domestiques sont généralement déterminés par la coutume? Remarquons d'ailleurs qu'ici nous ne pouvons faire dépendre les salaires de la productivité du travail : les domestiques ne produisent rien, au moins directement, et ne rendent que des services. Eh bien! un certain taux s'établit pour les gages des domestiques, déterminé sans doute par la concurrence par rapport au salaire des autres emplois, mais qui sert de règle et s'impose pendant un temps plus ou moins long aux maîtres comme aux domestiques, alors même que les effets naturels de la concurrence pourraient amener un autre taux. On sait, par exemple, que les gages d'une cuisinière sont de 500 ou 550 fr., et, tant que l'usage général sera tel, la majorité des cuisinières n'osera guère demander plus, et les maîtresses de maison n'offriront guère moins. Sans doute, ce taux pourra se modifier à la longue, et nous ne méconnaîtrons pas l'action plus ou moins lente de la concurrence; mais on ne saurait contester que la coutume exerce sur lui une assez grande influence. Chose curieuse! Les gages des domestiques, qui ne diminuent jamais, peuvent s'élever par l'effet même de la démoralisation générale. Comme cet emploi demande une confiance particulière et une honnêteté éprouvée, les maîtres seront naturellement portés, à mesure que la démoralisation augmente, à s'attirer et à conserver par l'appât de salaires plus élevés que la moyenne les sujets d'élite, et l'appât devra être d'autant plus grand qu'ils seront plus rares; or, ces gages plus élevés deviendront peu à peu la règle générale, et la moyenne se trouvera par là surélevée. Serait-il bien téméraire d'avancer que cette cause n'est pas tout à fait étrangère à la hausse exceptionnelle qui s'est produite dans ces derniers temps sur les gages des domestiques?

La coutume ne laisse pas que d'exercer aussi son influence, quoique d'une manière souvent moins apparente, sur les salaires des ouvriers. N'est-ce pas, en grande partie, la coutume qui, comme nous l'avons dit déjà, explique des différences de salaires en sens inverse dans certaines localités, sans qu'il soit possible de leur découvrir de cause déterminante? N'est-ce pas encore la coutume qui fait, par exemple, que les salaires des femmes à Nancy sont supérieurs à ceux de presque toutes les villes de province, alors même que les salaires des hommes y sont notablement inférieurs?

Un fait qui nous a singulièrement frappé, et qui paraît ne pouvoir encore s'expliquer que par la coutume, c'est la curieuse différence des salaires dans les mines de France et de Belgique, les salaires français haussant toujours tandis que les salaires belges baissaient à partir de 1873, au point de tomber presque de moitié au-dessous des salaires des mineurs français. L'ingénieur d'Anzin, M. Ledoux, qui rapporte le fait, en donne cette explication : « La comparaison est intéressante;

» elle montre de quel esprit différent sont animés
» vis-à-vis de leurs ouvriers les compagnies étran-
» gères et, je ne dirai pas seulement la compagnie
» d'Anzin, mais toutes les compagnies françaises.
» Le salaire moyen a énormément baissé en Bel-
» gique dans les années mauvaises, tandis qu'à
» Anzin les salaires continuaient à s'élever en
» même temps que les bénéfices de la compagnie
» diminuaient dans la proportion qu'a indiquée
» M. le Ministre des travaux publics. Nous n'a-
» vons pas songé à chercher dans un abaissement
» de salaire l'économie qui s'impose à nous. » —
Et, de fait, il nous paraît certain que nos mœurs
en France répugnent plus qu'en d'autres pays aux
abaissements de salaires; nous croyons que les
patrons en France ont toujours considéré les abaissements de salaire comme un remède extrême, et
que, si quelques-uns l'ont appliqué aujourd'hui,
ils ne l'ont fait que sous la pression d'une impérieuse nécessité. M. Dietz-Monnin apprenait à la
Commission d'enquête sur la crise industrielle que
les salaires avaient baissé de 30 % en Angleterre, à une époque où l'on ne parlait pas encore
de réduction en France.

Nous croirions bien que la coutume est, en
grande partie, cause que les salaires des ouvriers

agricoles dans les États du Sud de l'Union américaine sont de moitié inférieurs à ceux des États de l'Est ; et peut-être la coutume n'est-elle pas étrangère à bien des différences locales de salaire , dont les causes nous échappent. Ces différences s'atténuent de plus en plus avec le perfectionnement des moyens de transport et la pénétration de plus en plus intime des hommes et des peuples ; et il est facile de reconnaître qu'elles sont encore les plus grandes là où cette pénétration a été moins complète.

CHAPITRE V.

De l'influence de la loi sur les salaires.

Depuis longtemps, le législateur a cru devoir intervenir dans la réglementation des salaires; mais son but était jadis tout différent de celui que l'on poursuit aujourd'hui : c'était dans l'intérêt des patrons, des employeurs, que le législateur croyait devoir intervenir. M. Levasseur, dans son *Histoire des classes ouvrières en France depuis la conquête de Jules César jusqu'à la Révolution,* nous montre Dioclétien fixant le maximum des salaires (comme des prix des marchandises), à 50 deniers pour la journée d'un maçon, 25 pour un manœuvre, 50 pour un menuisier, 60 pour un marbrier, 50 pour un forgeron, 50 pour un boulanger, 60 pour un ouvrier en mosaïque : le tout sous peine de mort. Mais la cruauté même du

législateur ne saurait maîtriser les lois naturelles :
« Il y eut de nombreuses exécutions; les marchés
» ne furent plus approvisionnés, les denrées ren-
» chérirent, et les empereurs, cédant à la néces-
» sité, finirent par rapporter la loi. »

En Angleterre, le célèbre *statute of labourers*,
de 1350, déterminait le taux que le salaire ne
devait pas dépasser et interdisait à l'ouvrier de
quitter la paroisse où il vivait pour se mettre en
quête d'un travail plus rémunérateur. De même,
en France, en Espagne, en Allemagne, la loi fixait
le taux des salaires. L'opinion commune ne faisait
alors aucun doute que cela rentrât dans la mission du Pouvoir[1].

Il serait superflu de s'arrêter aujourd'hui à démontrer combien de pareilles lois étaient iniques :
il n'y a pas de violation plus révoltante de la

---

[1] Témoin cette curieuse pétition adressée par les bourgeois
de la seigneurie du Hoh-Landsbourg, le 31 octobre 1759, à
leur gracieux maître pour lui demander de tarifer les salaires : « De nos jours, les domestiques poussent si loin leur
orgueil, leur esprit d'insubordination et d'insolence, qu'ils
refusent d'obéir, non-seulement aux bourgeois, leurs maîtres,
mais encore à l'autorité publique. De là, depuis quelques
années, parmi les valets, les charretiers et les servantes,
des nouveautés et des abus qui deviennent chaque jour plus
intolérables. En vérité, si l'autorité ne vient pas en aide à
ses sujets, la bourgeoisie, surtout celle qui cultive la vigne

liberté individuelle. Mais, par un mouvement de réaction assez fréquent dans les phénomènes sociaux, beaucoup proposent aujourd'hui de faire intervenir la loi dans l'intérêt des ouvriers; ce n'est plus un maximum, c'est un minimum de salaire qu'il faudrait fixer : après avoir détruit le privilège en haut, on voudrait le rétablir en bas. Les agitateurs populaires ont à ce point faussé les idées des ouvriers, que la demande de la fixation légale d'un minimum de salaire figure en tête de leurs revendications les plus générales. On la retrouve dans presque toutes les dépositions faites au nom des syndicats ouvriers dans l'enquête sur la crise industrielle : erreur funeste, qui tend à mettre de plus en plus les ouvriers en antagonisme avec les patrons, parce qu'ils comptent sur la force de l'État, et à les mettre en révolte contre l'État, parce que cette force leur fait et leur fera

et vit de ses produits, se verra réduite à une ruine inévitable. Nous recourons donc à vous, comme à l'autorité que Dieu a instituée, pour vous demander aide et protection. Veuillez arrêter ces abus par des règlements sages et sévères étendus à toute la contrée... » Et la pétition explique avec détails que les domestiques réclament des prix inouïs, qu'ils ne travaillent plus comme autrefois, qu'ils veulent être traités mieux qu'un bourgeois, et qu'ils ne connaissent plus ni respect, ni obéissance. — Ne croirait-on pas entendre le langage d'une de nos malheureuses maîtresses de maison !

nécessairement défaut. La loi ne peut ni ne doit réglementer les salaires!

Elle ne le doit pas; car ce serait une violation manifeste, dans la personne des patrons, de la liberté individuelle et de la propriété. Si l'on n'avait pas faussé comme à plaisir la notion de l'État, en le chargeant d'une foule de choses qui ne rentrent pas dans ses attributions, il apparaîtrait aux yeux de tous que l'État n'a pour mission que d'assurer la liberté et la loyale exécution des contrats, de prévenir ou de réprimer la fraude et la violence; mais qu'il n'a, à aucun titre, qualité pour s'immiscer dans les stipulations des conventions privées, et substituer sa volonté arbitraire à celle des contractants. Ce serait un empiètement manifeste de l'État sur le domaine de la vie privée et de la liberté des citoyens. — On objecte que le salarié n'est pas libre. — L'objection, présentée sous cette forme absolue, est tout à fait fausse. Nous avons dit ailleurs que les travailleurs, en s'unissant, ont le pouvoir de constituer une force très capable de tenir le capital en échec. Enfin, tout ce qu'on peut réclamer au point de vue légal, c'est l'égalité de droits entre les contractants : la loi n'a pas autre chose à faire. Si vous lui permettez d'intervenir sous prétexte que les contractants ne seraient pas, *en fait,* sur un pied d'égalité parfaite, prenez garde qu'il n'y aura plus un seul contrat sur lequel l'État ne soit autorisé à porter la main ! Aussi bien que dans le louage d'ouvrage, il pourra intervenir dans le louage de la terre ; car le cultivateur, qui a besoin de travailler pour vivre, n'est pas absolument dans la même situation que le propriétaire foncier ; il pourra intervenir dans le bail à loyer ; car le locataire a un plus pressant besoin de la maison pour s'abriter que le propriétaire qui la loue ; il pourra intervenir dans la vente, le plus souvent dans l'intérêt du vendeur, qui a besoin d'argent, quelquefois dans l'intérêt de l'acheteur, lorsqu'il s'agit de choses de première nécessité ; et, de fait, il intervient presque partout en faveur de l'acheteur de pain ! Il suffit de réfléchir un peu pour reconnaître que ce raisonnement conduit tout droit à l'anéantissement complet de la liberté individuelle !

Non-seulement le législateur n'a pas le droit de réglementer les salaires comme on lui demande de le faire ; mais, de plus, il est absolument impuissant à le faire. Il n'a d'abord aucun élément certain d'appréciation pour cela : le salaire est essentiellement variable comme et avec les profits. Nous entendons bien qu'il s'agit seulement de fixer un minimum; mais de deux choses l'une : ou ce minimum sera inférieur au taux qui serait fixé par le libre contrat des parties, et la loi sera inutile; ou bien, le minimum sera supérieur, et alors comment la loi fonctionnera-t-elle et quelles seront ses conséquences? Si les profits réalisés par les entrepreneurs ne leur permettent pas de payer un salaire aussi élevé, la loi les obligera-t-elle à travailler à perte? Traitera-t-on encore en suspects ceux qui fermeront leurs ateliers? La loi fixera-t-elle un minimum de prix pour toutes les marchandises? Et, enfin, obligera-t-elle les consommateurs à acheter?

Admettons même que les patrons voulussent bien continuer à faire travailler sous l'empire de cette violence, le pourraient-ils dans l'hypothèse où la loi élèverait le taux des salaires? Il est constant, reconnu par tous les ouvriers eux-mêmes, que les salaires en France sont très notablement supérieurs à ceux des pays voisins du continent. On peut estimer la différence à un tiers, parfois à moitié[1]. Un homme très compétent, M. le séna-

---

[1] Enquête sur la crise industrielle : déposition des ouvriers carreleurs, dū syndicat des fondeurs, des ouvriers marbriers, des patrons charpentiers, des ouvriers terrassiers, de la chambre syndicale des ferblantiers-lampistes, du syndicat

teur Corbon, affirme qu'à l'étranger les salaires sont inférieurs d'environ 33 $^o/_o$ aux salaires français[1]. Par cela même, les producteurs français sont soumis à une concurrence de plus en plus pressante. Si la même cause d'infériorité n'existe pas vis-à-vis de la concurrence anglaise, cette concurrence est cependant reconnue par l'État insoutenable, puisqu'il accorde aux producteurs indigènes des droits protecteurs. Dans ces conditions, y a-t-il quelque raison à demander à l'État d'élever les salaires par la loi? N'y aurait-il pas une ridicule contradiction à proclamer, d'une part, que nos industriels sont incapables de soutenir la concurrence étrangère, à leur octroyer la protection douanière, et, d'autre part, à augmenter, de par la loi, leurs frais de production et leur infériorité? Et quelles seraient les conséquences? Ou bien la concurrence étrangère prendrait peu à peu la place de la production française, soit sur les marchés étrangers, soit même sur le marché français, et

mixte des peintres-décorateurs, de la société La Rénovation (peintres en bâtiment), de la Fédération des ouvriers peintres en bâtiment, des maîtres-compagnons et appareilleurs, des ouvriers chaudronniers en cuivre, des scieurs de pierre dure.

[1] *Procès-verbaux de la Commission d'enquête sur la crise industrielle*, p. 94.

le travail échapperait progressivement aux travailleurs français. Ou bien l'État essaierait de conjurer les effets de la concurrence étrangère en mettant des droits protecteurs de plus en plus élevés sur tous les produits; en sorte que l'ouvrier, devant payer plus cher toutes les choses qu'il achète avec son salaire, serait tout au plus dans la même situation qu'auparavant; il serait même dans une situation pire; car la protection ne peut agir qu'à l'intérieur, et tout le commerce d'exportation se trouverait bientôt anéanti. Ce n'est pas seulement au nom du droit et du bon sens, c'est au nom de l'intérêt évident des ouvriers eux-mêmes qu'il faut repousser l'idée d'une réglementation légale des salaires.

La loi peut agir sur les salaires d'une manière indirecte. C'est ainsi qu'il y a une corrélation manifeste entre la réglementation des salaires et la réglementation de la journée de travail. C'est encore là aujourd'hui l'une des principales revendications de la classe ouvrière. On sait que la loi du 9 septembre 1848 a fixé à douze heures le maximum de la journée de travail. Tout récemment, un projet de loi a été discuté devant les Chambres, tendant à réduire le maximum à dix heures. Ce projet, après diverses vicissitudes, a été rejeté et s'est transformé en une loi du 16 février 1883, tendant à assurer l'application de la loi du 9 septembre 1848. Un très grand nombre de représentants des ouvriers, dans l'enquête sur la crise industrielle, n'ont pas craint de demander la limitation légale de la journée de travail à huit heures[1]. Là encore, les ouvriers sont dupes des théories de philanthropes irréfléchis et de politiciens sans scrupule. Il est évident, en effet, qu'une pareille mesure tournerait immédiatement contre l'intérêt des ouvriers eux-mêmes; car elle se traduirait par une diminution forcée des salaires. Il est vrai que ceux qui la demandent ajoutent immédiatement l'irréductibilité du salaire. Mais nous avons vu tout à l'heure combien il est chimérique d'attendre de l'État une semblable disposition, qui excède à la fois son droit et son pouvoir.

La loi peut encore exercer une influence indirecte sur les salaires au moyen de la protection douanière. Les protectionnistes ne manquent ja-

[1] V. notamment les dépositions des ouvriers tailleurs de pierre, du syndicat des peintres sur porcelaine, du comité de la Fédération des travailleurs socialistes de France, de la chambre syndicale des ouvriers en voitures, de la chambre syndicale des ouvriers parqueteurs, de la chambre syndicale des ouvriers layettiers-emballeurs, de la chambre syndicale des ouvriers chaudronniers en cuivre.

mais de mettre en avant, dans leurs revendica-tions, l'intérêt des ouvriers. Cependant, un émi-nent économiste américain, M. David A. Wells[1], soutient que c'est une *assertion impertinente* que de dire que la protection est cause des hauts sa-laires. Nulle part, aux États-Unis, dit-il, les sa-laires ne se sont plus élevés, soit absolument, soit par rapport à ceux du Vieux-Monde, que dans les industries qui ne sont pas protégées. Ainsi, le rapport pour 1884 du bureau *Of labour statistics of Massachusetts* montre que le taux des salaires, dans l'industrie des viandes préparées, dont les États-Unis font une si grande exportation, sont de 250 $^0/_0$ au-dessus de ceux de l'Angleterre; dans la briqueterie, les salaires américains sont le dou-ble des salaires anglais, et de même dans le bâ-timent; dans la chaussure, les salaires américains sont plus que le double des salaires anglais. D'au-tre part, dans les industries métallurgiques, qui jouissent de toutes les faveurs du tarif, les ou-vriers américains ne sont guère plus protégés que les anglais, et, dans les fabriques de coton, ils ont même des salaires inférieurs. En Angleterre, de 1872 à 1883, les salaires ont haussé de 10 $^0/_0$

---

[1] *A primer of tariff reform*, publication du Cobden-Club.

environ, et, dans le même temps, ils baissaient, au Massachusetts, de 5 1/2 %... Les salaires, conclut M. David Wells, sont supérieurs en Amérique, parce que ce pays jouit de grands avantages naturels, et que la main-d'œuvre y donne des résultats meilleurs et plus considérables que dans les vieux pays où la population est plus dense. — Nous n'avons garde de contredire cette conclusion, tout à fait conforme à la théorie que nous avons exposée, d'après laquelle le taux des salaires dépend surtout de la productivité du travail. Mais on peut admettre cela sans dénier à la protection douanière toute influence sur les salaires, ce qui nous paraît difficilement soutenable : nous ne disons pas que ce soit une influence bienfaisante, mais nous la croyons indéniable. Peut-on nier, par exemple, que les hauts tarifs douaniers, établis aux États-Unis après la guerre de sécession, aient été en grande partie la cause des hauts salaires payés aux ouvriers américains? N'est-il pas facile de comprendre que les entrepreneurs, protégés par des droits prohibitifs contre la concurrence étrangère, réalisant des profits considérables au sein d'une population incessamment accrue et d'une demande toujours croissante, aient été par là mis à même d'offrir de hauts

salaires pour attirer les bras et étendre leurs affaires? N'a-t-on pas vu que c'est ce développement
industriel lui-même, surexcité d'une manière factice, qui a fait monter, après la guerre, les salaires des ouvriers agricoles à un taux tout à fait
exceptionnel, en raréfiant la main-d'œuvre dans
les campagnes? N'est-il pas permis d'avancer que,
chez nous, la protection accordée à certaines industries manufacturières a été une des causes de
la dépopulation progressive des campagnes, en
attirant les ouvriers dans les centres manufactu-
riers par l'appât de plus hauts salaires, joint à
l'attraction naturelle des villes?

Il n'est pas bien difficile de se rendre raison de
l'influence que peuvent exercer de hauts tarifs sur
les salaires. Le taux des salaires dépendant de
la productivité du travail et des profits des entrepreneurs, on comprend que de hauts tarifs,
assurant artificiellement des profits à certains industriels, les mettent à même d'offrir de plus hauts
salaires pour se procurer des ouvriers.

La protection peut certainement favoriser certaines catégories d'ouvriers, comme elle peut favoriser certaines catégories d'entrepreneurs. En
faut-il conclure qu'elle soit favorable à la classe
ouvrière dans son ensemble? C'est là toute la

question; nous ne pouvons que l'effleurer; car ce n'est pas le lieu d'étudier le système de la protection. Les partisans de la théorie régnante en matière de salaire ne sont pas embarrassés pour la résoudre, cette question : si le salaire dépend mathématiquement du rapport du capital à la population, la part plus forte faite aux uns est nécessairement prise sur la part des autres! Nous ne saurions accepter cette raison comme décisive : pour nous, le taux des salaires ne dépend pas de l'abondance du capital-numéraire, mais bien de l'activité du mouvement industriel et de la productivité du travail. La vraie question est de savoir si la protection douanière développe le travail national et en augmente la productivité. Il est bien difficile de l'admettre!

Et d'abord, la protection douanière, dans la mesure où elle empêche l'importation des produits étrangers, fait obstacle à l'exportation des produits nationaux, soit parce que les nations étrangères ne manqueront guère de nous traiter comme nous les traitons, soit surtout (et ceci est au-dessus des spéculations et des volontés humaines), parce que les produits s'échangent toujours, en définitive, contre des produits. Si donc le travail est encouragé d'un côté, il est découragé de l'autre dans une mesure correspondante au moins. Il est même fort à craindre que la protection ne fasse plus de tort que de bien au travail national, si, pour soutenir une industrie malingre, elle ruine, par le renchérissement des matières premières, des industries d'exportation florissantes. On sait qu'une crise intense sévit depuis quelque temps sur l'industrie de la soie à Lyon et à Saint-Étienne, jadis si prospère. Il faut lire là-dessus le rapport de M. de Lanessan à la Commission d'enquête sur la crise industrielle. On y verra que, d'après la déposition des délégués des syndicats ouvriers du tissage, l'ouvrier gagnait, il y a cinq ans, 4 fr. par jour; aujourd'hui, 75 métiers sur 100 sont inoccupés, et ceux qui ont du travail gagnent 1 fr. 25 par jour! On y verra aussi que, parmi les causes permanentes de la crise, tous les ouvriers et tous les patrons signalent, avec un accord parfait, le prix de revient de la matière première, beaucoup plus élevé pour eux que pour leurs concurrents étrangers; tous réclament la diminution dans une large proportion des droits sur les filés de coton, et ils ajoutent mélancoliquement : « Où » les filateurs vendront-ils leurs fils, quand l'in- » dustrie du tissage aura disparu [1]? »

[1] Voici un extrait du rapport résumant les dépositions des

Loin donc qu'il soit démontré que la protection développe le travail national, il paraît beaucoup plus vrai de dire qu'elle le restreint. Ce qui semble également incontestable, c'est qu'elle en diminue la productivité, en ce qu'elle détourne le travail national des choses auxquelles il se serait naturellement appliqué, pour le conduire à la production de choses qu'on pourrait se procurer du dehors

tisseurs de Saint-Étienne : « Tant que la matière première
» du ruban a été exclusivement la soie, dont l'entrée en
» France a toujours été exempte de droits, les fabricants de
» Saint-Étienne, luttant à armes égales, ont pu défier toute
» concurrence et rester les maîtres du marché de l'Europe
» et de l'Amérique. Mais dès que les découvertes et les pro-
» grès de la science eurent permis d'associer dans le ruban
» le coton à la soie, les fabricants de Saint-Étienne durent,
» comme ceux de l'Allemagne et de la Suisse, se préoccuper
» de donner satisfaction à la clientèle, qui réclamait de plus
» en plus le bon marché. A la soie on substitua la strappe,
» ou bourre de soie, et le coton... Or, la strappe et les filés
» de coton sont frappés, à l'entrée en France, de droits con-
» sidérables. Les filés de coton fins employés par l'industrie
» de Saint-Étienne paient, à leur entrée en France, un droit
» qui va jusqu'à 250 à 300 fr. par 100 kilogr. de fil écru,
» tandis que le fabricant allemand ne paie qu'un droit de 43
» fr. au maximum, et le fabricant suisse, un droit de 4 fr. :
» Non-seulement on nous rend ainsi la lutte impossible, mais
» encore on permet aux consommateurs étrangers de suppo-
» ser que nous devons produire inévitablement plus cher que
» les Suisses et les Allemands. »

à meilleur marché et en échange d'une moindre quantité de travail. Le bon sens nous dit que le travail appliqué à des industries qui ne peuvent se soutenir que par la protection et qui, sans ce moyen artificiel, ne feraient pas leurs frais, est un travail moins productif que celui qui est librement rémunéré.

On doit donc admettre que la protection tend à restreindre le mouvement industriel et à diminuer la productivité du travail. D'autre part, il est certain qu'elle renchérit pour les ouvriers, comme pour tous autres, le coût de la vie. Enfin, elle crée des conditions économiques factices, artificielles, gage peu sûr d'une prospérité solide et durable. Ce qui se passe aujourd'hui aux États-Unis en est la preuve. Une protection douanière extravagante par son exagération a fait hausser d'abord tous les prix et tous les salaires et imprimé, nous l'admettons, à l'industrie nationale un vigoureux essor; la production a été surexcitée à outrance; puis les débouchés sont venus à manquer, les prix se sont affaissés et les salaires avec eux; une crise sans précédent et, croyons-nous, sans comparaison avec celle dont peuvent souffrir les autres pays, pèse depuis longtemps déjà sur toutes les manufactures des États-Unis; les grèves succèdent aux grèves, des grèves formidables; et nous avons vu que, dès la fin de l'année dernière, on comptait environ 350,000 ouvriers sans ouvrage.

M. de Fontpertuis, appréciant cette situation, nous dit, dans une intéressante étude[1], « que ce » sont les industries protégées qui montrent le » maximum de réduction des salaires et qu'en » général ces réductions se proportionnent à la » somme de protection dont elles jouissent. Dans » l'industrie de la laine et celle du coton, les » salaires sont tombés de 25 à 30 %, tandis qu'ils » sont restés stationnaires pour les entrepreneurs » de bâtiments, les tailleurs de pierre, les brique- » tiers, les charpentiers, dont le travail reste en » dehors de l'action du tarif. Les ouvriers du fer » ont vu leurs salaires décroître de 15 à 22 %; » mais ceux des bouchers, des boulangers, des » tanneurs n'ont pas varié. Enfin, dans l'industrie » de la soie, la diminution a été de 15 à 25 %, » alors que, dans la fabrication des instruments » aratoires, le taux de la main-d'œuvre n'a presque » pas changé. » — C'est la preuve de l'action artificielle que la protection avait exercée! L'exem- ple des États-Unis serait peut-être aujourd'hui cité

[1] *Économiste français,* 18 avril 1885.

avec moins d'empressement et d'assurance par les partisans de la protection.

La conclusion qui se dégage de tout cela, c'est que le législateur n'a pas à intervenir dans le règlement des salaires, ni dans la marche de l'industrie; son action ne peut être que perturbatrice, et il risque à tout moment de fausser les rouages si délicats de la machine.

Le législateur doit, d'autre part, s'appliquer à réduire au minimum les charges fiscales qui pèsent sur l'industrie et peuvent paralyser ses mouvements : là encore nous apercevons une action, et très sensible, de la loi sur les salaires. A chaque page de l'enquête sur la crise industrielle, on entend l'écho des plaintes de tous les travailleurs, patrons et ouvriers. Les impôts excessifs, en restreignant notablement les profits, rognent par cela même les salaires; surtout ils rendent la concurrence étrangère difficile à soutenir et diminuent l'industrie nationale. « Parmi les causes » permanentes de la crise industrielle de Saint-» Étienne, dit le rapport de M. de Lanessan, *tous les* » *déposants sont d'accord pour signaler le chiffre* » *trop élevé des impôts* perçus par l'État ou par » les villes. La même plainte s'est fait entendre à » Lyon et retentit d'un bout à l'autre du territoire. »

CHAPITRE VI.

De l'influence des grèves sur les salaires.

Pendant longtemps l'autorité, défiante vis-à-vis des ouvriers, a prohibé les coalitions ou *grèves*. De cette manière encore, la loi agissait indirectement sur les salaires, en empêchant les ouvriers d'user d'un moyen de contrainte de nature à faire hausser les salaires ou à en prévenir la baisse.

Les coalitions d'ouvriers à l'effet de refuser collectivement le travail, ou *grèves* sont de date ancienne, et elles étaient déjà l'objet, à la fin du XVIIe siècle, des ordonnances et règlements de police des rois de France. Mais elles se sont singulièrement multipliées dans ces derniers temps. Elles se sont surtout développées en Angleterre, où le parti ouvrier est fortement organisé sous le nom de *Trade's Unions*. Cette organisation est trop connue aujourd'hui pour qu'il soit opportun de la décrire ici. Rappelons seulement que les *Trade's*

Unions ont deux objets distincts : elles remplissent les fonctions ordinaires d'une société de secours mutuels *(friendly society)*; elles viennent en aide à leurs membres malades, sans travail, en cas d'accident, pendant la vieillesse; mais leur objet principal, nous dit M. Fawcett[1], est, en général, d'organiser les ouvriers d'un métier en une association suffisamment forte pour imposer diverses règles aux patrons comme aux ouvriers. D'après le même auteur, les promoteurs des *Trade's Unions* semblent croire, comme beaucoup de nos ouvriers, que le moyen le plus efficace d'élever les salaires dans un métier particulier, c'est de restreindre le nombre des ouvriers qui y sont employés; et beaucoup des règlements de ces unions sont conçus dans le but déterminé de limiter artificiellement la quantité de travail. Quelques unions, par exemple, ne permettent pas aux patrons de prendre plus d'un certain nombre d'apprentis. Nous pourrions trouver, dans l'enquête sur la crise industrielle, plus d'une preuve d'une semblable préoccupation chez nos ouvriers[2]. M. Fawcett dénonce avec raison ces restrictions

---

[1] *Travail et Salaires*, ch. II.

[2] C'est ainsi que la chambre syndicale de l'éclairage et du chauffage à gaz nous apprend que les ouvriers voient avec

comme un excès intolérable. Il y a là un abus de la liberté, parce qu'il y a une atteinte manifeste à la liberté d'autrui, analogue à celle des anciennes corporations.

Mais, si la loi doit réprimer les abus des coalitions, elle ne saurait les prohiber en principe : une semblable prohibition n'est ni juste, ni politique. Elle n'est pas politique ; car elle autorise les ouvriers à s'en prendre à l'État de l'abaissement de leurs salaires. Elle n'est pas juste ; car ce n'est là que l'exercice légitime de la liberté individuelle ; on ne saurait empêcher les ouvriers de faire collectivement ce que chacun d'eux peut faire individuellement, et le simple concert à l'effet de faire une chose licite ne saurait être par lui-même illicite. Il est vrai que les grèves ont été trop souvent entachées de violences morales ou physiques ; la loi ne saurait être trop sévère à l'égard de ces violences ; mais elles ne sont pas nécessairement inhérentes aux grèves, et c'est une législation draconienne que celle qui supprime la liberté sous prétexte d'en prévenir les écarts. Il ne faut pas oublier que la liberté de coalition, le droit de se

répugnance l'organisation de l'apprentissage, et que la chambre syndicale des ouvriers du bronze fait un cas de mise à l'index de la formation d'un trop grand nombre d'apprentis.

mettre en grève est un droit précieux pour l'ouvrier ; on voit les maux que causent les grèves,
on ne voit pas ceux qu'empêche le droit de coalition : il empêche l'oppression de l'ouvrier par le
patron.

« Les maîtres, disait A. Smith, sont en tout temps
» et partout dans une sorte de ligue tacite, mais
» constante et uniforme, pour ne pas élever le
» taux des salaires. A la vérité, nous n'entendons
» jamais parler de cette ligue, parce qu'elle est
» l'état habituel et, on peut dire, l'état naturel de
» la chose, et que personne n'y fait attention. »
Voilà pourquoi le droit de coalition est précieux
pour les ouvriers.

Cependant les coalitions avaient été sévèrement
prohibées par les lois de la Constituante (lois des
14-17 juin 1791, 28 sept.-6 oct. 1791) et par le
Code pénal de 1810 (art. 414, 415, 416); cette
prohibition n'a été levée que par la loi du 25 mai
1864.

Une question beaucoup plus délicate est celle de
savoir quels sont, au point de vue économique, les
effets des grèves, si elles sont généralement favorables ou nuisibles aux classes laborieuses. M. Paul
Leroy-Beaulieu, dit, dans son *Essai sur la répartition des richesses,* que « c'est une étude qui

» est encore à faire que celle des grèves et de leurs
» effets. » Le problème, à vrai dire, est des plus
complexes ; car il faut mettre en balance les souffrances actuelles et vives que les grèves imposent
aux ouvriers avec les avantages permanents qu'ils
peuvent en retirer ; il faut aussi faire entrer en
ligne de compte bien des conséquences ultérieures,
souvent fort difficiles à constater et à apprécier :
l'envahissement du marché par les bras étrangers,
les avantages conférés à la concurrence étrangère, etc. Tout cela fait une question malaisée à
résoudre.

Que les grèves causent toujours des maux considérables tant aux patrons qu'aux ouvriers, c'est
ce qui n'est douteux pour personne. La *Revue
industrielle* en donnait naguère un exemple frappant, tiré des grèves en Angleterre en 1877.
Soixante-neuf corps de métiers ont pris part à
191 grèves, durant lesquelles 977 semaines ou
5,862 jours ont été perdus. Environ 10,000 ouvriers ont été impliqués dans les grèves du bâtiment ; 4,000 dans la grève des menuisiers de
Manchester ; 12,000 dans la grève des mineurs de
Northumberland ; 30,000 dans la grève des mineurs
de l'Ouest-Lancastre ; 6,000 dans la grève des
mineurs de Fife et Clakmannam, en Écosse ; 10,000

dans la grève des filateurs de Bolton ; soit 72,000 hommes pour ces six grèves seulement. Quant au montant des sommes perdues, on estime que la grève des ouvriers constructeurs de la Clyde a coûté 2,000,000 fr. ; celle de l'Ouest-Lancastre, 6,250,000 fr. ; celle de Fife, etc., 4,750,000 fr. ; celle de Bolton, 2,500,000 fr. ; celle des maçons de Londres, 2,500,000 fr. ; c'est-à-dire, pour ces cinq grèves, 18,000,000 fr. Les pertes en salaires occasionnées par les 191 grèves ne s'élèvent pas à moins de 29,300,000 fr. pour l'année entière. Ces chiffres sont, à coup sûr, très intéressants ; cependant, ils ne nous mettent pas à même de répondre avec certitude à la question posée ; ils prouvent que les grèves causent de grands maux ; ils ne nous renseignent pas sur les avantages qui ont pu être obtenus par les grévistes.

Dans sa très intéressante déposition devant la Commission d'enquête sur la crise industrielle, le préfet de police d'alors, M. Camescasse, a donné quelques détails sur les grèves qui ont amené un résultat pour les grévistes, à Paris, de 1879 à 1883 : ces détails ne sont pas aussi complets que nous le voudrions ; mais, tels qu'ils sont, ils présentent un certain intérêt. Nous y voyons que trois grèves seulement en 1879, ont amené un résultat pour les grévistes, et trois seulement aussi en 1880. Dans ces trois grèves de 1880, nous trouvons un exemple frappant de la complexité et de la difficulté du problème. Les menuisiers du meuble sculpté se sont mis en grève, et ils ont obtenu une augmentation de 0 fr. 05 par heure (0,75 au lieu de 0,70); mais cette grève et celles qui l'ont suivie dans le faubourg Saint-Antoine ont amené une déplorable diminution du travail dans l'industrie de l'ameublement; beaucoup de marchands se sont mis à faire fabriquer en Allemagne. En 1881, huit grèves auraient réussi; nous ignorons le nombre total des grèves. En 1882, il y a eu 51 grèves, dont 19 sérieuses; 13 ont réussi. En 1883, il y en a eu 38, dont 4 sérieuses; une seule a amené une augmentation de salaire.

Nous avons étudié en détail les grèves qui se sont produites en France en 1884, sur lesquelles une communication gracieuse du ministère de l'Intérieur nous a fourni des renseignements circonstanciés. Il y a eu, en France, quatre-vingts grèves en 1884, dont une trentaine ayant quelque importance par le nombre des grévistes ou par la durée de la grève. Nous ne croyons pas nécessaire de donner ici le tableau complet de ces grèves; nous nous bornerons à indiquer les résultats de l'étude que nous en avons faite. Presque toutes ont été des grèves défensives, tendant à empêcher une diminution des salaires ; les ouvriers luttaient pour conserver une position acquise. En laissant de côté la grève d'Anzin, dans laquelle 11,000 ouvriers ont chômé pendant cinquante jours environ sans résultat autre que de mettre en danger la paix publique, on voit que, sur vingt-neuf grèves, les ouvriers ont succombé dans vingt-trois et triomphé dans six seulement. Encore ce triomphe a-t-il été pour quelques-uns chèrement payé, et rien ne dit qu'il soit de longue durée. Dans les autres, et pour ne parler que des plus importantes, 10,226 ouvriers ont chômé pendant un temps plus ou moins long pour n'arriver à aucun résultat, et un total de 197,669 journées a été perdu par eux en même temps que pour la richesse publique. Il est clair que ces grèves ont été funestes à la classe ouvrière dans son ensemble; et, si l'on consulte les probabilités, on est fondé à dire aux ouvriers : Vous avez le droit de coalition comme une arme précieuse; montrez-la, si vous voulez; tirez-la du fourreau, si bon vous semble; mais n'en usez pas; c'est vous d'abord et surtout qu'elle blesserait !

Il faut, en effet, distinguer le droit de se mettre en grève de la grève effective. Le droit de se mettre en grève est, nous l'avons reconnu, une garantie inestimable pour l'ouvrier : il suffit à prévenir bien des abus. Quant à la grève effective, elle est un grand dommage social, et l'on peut avancer qu'elle fait généralement plus de mal que de bien à la classe ouvrière. La théorie communément reçue, qui voit dans le capital versé dans l'industrie une masse déterminée à partager entre les salariés, est naturellement amenée à conclure que les salaires, dans leur généralité, ne peuvent absolument pas être élevés par des moyens artificiels, et que, ce que la classe ouvrière gagne d'un côté, elle le perd nécessairement de l'autre. Mais nous avons rejeté cette théorie comme péchant par la base, et nous avons reconnu que la masse à partager n'est pas autre chose que le produit brut de l'atelier social. Or, comme il n'y a pas d'autorité supérieure qui règle le partage, comme il dépend du libre contrat des parties, comme la généralité des patrons sera souvent portée à garder la plus grosse part possible, comme enfin l'ouvrier isolé est naturellement moins fort que le patron, la grève peut être un instrument de défense nécessaire et rien n'autorise à dire qu'elle soit une arme condamnée à l'impuissance. Une chose nous a frappé dans la progression des salaires en France depuis 1853 : cette progression s'est encore accélérée de 1877 à 1881, alors cependant qu'il est constant que l'année 1877 ferme l'ère de prospérité industrielle qui a suivi la guerre, et ouvre une période de malaise qui s'est transformé en la crise actuelle : ne faut-il pas attribuer ce résultat, au moins en partie, aux grèves qui se sont succédé surtout à partir de la même date? On peut lire dans nombre de dépositions de l'enquête sur la crise industrielle à Paris la preuve que les grèves n'ont pas été sans influence sur la hausse des salaires : tous les patrons s'accordent à signaler comme une des causes principales de la crise actuelle la hausse excessive de la main-d'œuvre.

Pourquoi donc croyons-nous que la grève effective est généralement plus funeste qu'utile à la classe laborieuse? C'est que la raison nous dit que, si le patron, voyant ses ouvriers organisés pour la lutte et décidés à l'entreprendre, ne fait pas droit à leurs réclamations et accepte l'éventualité de la grève, du chômage avec toutes les pertes qui en résultent, c'est qu'il ne peut pas faire autrement! Les ouvriers peuvent bien, au moyen de la grève, arriver à obtenir la part qui leur revient naturellement dans le partage; mais ils ne peuvent pas aller au delà. Le jour où les entrepreneurs ne feraient plus des profits suffisants pour rémunérer leur travail et couvrir leurs risques, et où il y aurait plus d'avantage à être ouvrier qu'entrepreneur, ce jour-là, la limite aurait été dépassée et les salaires seraient obligés de rétrograder : le nombre des entreprises diminuerait, la production se resserrerait, les salaires baisseraient, et les ouvriers perdraient, en se débattant inutilement contre la nécessité, des avantages chèrement achetés la veille! C'est pourquoi nous ne considérons point toute hausse de salaire comme un bien pour la classe ouvrière. C'est un bien dont il faut se réjouir, si elle est naturelle, normale, si elle correspond à une augmentation de la productivité du travail, parce qu'il est à espérer qu'elle sera permanente. Si elle est factice, obtenue par la pression, et qu'elle dépasse les limites d'une équitable répartition, elle sera éphémère, et cependant elle aura habitué l'ouvrier à un plus grand confort, qui fera sa situation pire qu'auparavant quand il faudra retourner en arrière. N'est-ce point là le fait qui se produit aujourd'hui sous nos yeux, et le mouvement de recul auquel nous assistons dans le taux des salaires n'est-il pas, en partie, la conséquence d'une hausse excessive et un peu factice?

M. Barberet, chef du bureau des sociétés professionnelles au ministère de l'Intérieur, a été
très formel, à cet égard, dans l'enquête : « Les
» causes de la crise sont dues, en grande partie,
» aux grèves. De 1872 à 1877, il n'y a pas eu
» de grèves à Paris et presque pas en province;
» l'industrie française était florissante. Les pre-
» mières grèves importantes ont éclaté à partir
» de 1878, et il y a eu commencement de crise.
» En 1879, 1880 et 1881, les grèves ont été plus
» intenses, et la crise s'est accentuée. Le chô-
» mage n'est venu qu'à la suite des grèves. »

Disons, en passant, que l'étude des dernières
grèves, de 1884 et 1885, a détruit un préjugé
dans notre esprit. Nous aurions cru que les ouvriers sont plus forts dans une grève *défensive,*
luttant contre une réduction de salaire et pour
conserver une position acquise, que dans les
grèves offensives. L'observation des faits nous a
convaincu qu'au contraire ils y succombent presque toujours. A la réflexion, on en découvre les
raisons. Dans la grève offensive, les ouvriers choi-
sissent leur moment, et, pour peu qu'ils aient
la connaissance des affaires et quelque entende-
ment, ils ne réclameront une augmentation de
salaire sous une menace de grève qu'en temps

de prospérité industrielle, et alors que de hauts profits permettront à l'entrepreneur de hausser les salaires. La réduction des salaires, au contraire, s'impose à un moment que les ouvriers n'ont pas choisi; ils sont d'autant plus portés à la grève qu'il est plus pénible encore de perdre des avantages conquis que de ne pas obtenir ceux qu'on ambitionnait; enfin, dans l'état de nos mœurs, nous l'avons déjà reconnu, les patrons ne recourent guère à la réduction des salaires que lorsque cette mesure leur est imposée par une impérieuse nécessité. Autant de raisons qui nous expliquent que les ouvriers aient si généralement succombé dans les grèves défensives de ces derniers temps : il y a là un enseignement pour la classe ouvrière.

Aux raisons que nous avons déjà développées pour prouver que la grève effective est plus généralement nuisible qu'utile aux classes laborieuses, il faut ajouter certaines conséquences des grèves, qui ne peuvent se traduire en chiffres, mais qui sont souvent bien plus désastreuses que le chômage temporaire et les pertes de salaires : c'est, d'une part, la concurrence étrangère qui se développe aux dépens du travail national, et, d'autre part, la concurrence des bras étrangers, qui viennent peu à peu sur le marché national prendre la place des ouvriers indigènes. Il suffit de lire les plaintes unanimes des patrons entendus dans l'enquête sur la crise industrielle, pour demeurer convaincu que la cherté de la main-d'œuvre est une des principales causes qui leur rend difficilement soutenable la concurrence étrangère, surtout la concurrence allemande : les salaires, en Allemagne, sont inférieurs aux salaires français dans la proportion d'un tiers ! Le représentant de la chambre syndicale des entrepreneurs de démolition disait dans l'enquête sur la crise industrielle : « Par suite de la hausse trop rapide des salaires, » les lieux de production se sont déplacés. On a » eu l'idée de fabriquer en province et à l'étran- » ger. » Et il citait ce fait caractéristique : « Un » charpentier des plus importants, depuis la der- » nière grève, fait fabriquer ses bois à Strasbourg. » Il y a un commis, des chefs de chantiers, et on » y fabrique ses bois, qui lui reviennent au même » prix que les bois bruts auparavant. » — C'est à de pareilles conséquences que les ouvriers ne sauraient trop réfléchir ! Voici un autre exemple, que nous empruntons au rapport de M. Barberet, chef du bureau des sociétés professionnelles, sur les associations ouvrières : les ouvriers facteurs

de pianos se sont mis en grève, et ils ont obtenu
une augmentation de salaire de 22 %; « mais,
» ajoute M. Bord, fabricant de pianos (dont les
» ouvriers, intéressés dans les bénéfices, n'avaient
» point participé à la grève), ils ne peuvent plus
» trouver d'ouvrage; j'ai rencontré dernièrement
» un très bon ouvrier finisseur qui était resté trois
» mois sans travailler : *cela ne s'était jamais vu*
» *dans notre industrie.* » Les déplacements et bou-
leversements de l'industrie opérés par les grèves
sont des phénomènes plusieurs fois constatés.
Quand encore l'industrie ne fait que changer de
siège et reste dans le pays, il n'y a que des souffrances individuelles à déplorer. Le mal est irré-
médiable quand elle émigre à l'étranger. Voici un
jugement que les ouvriers devraient bien méditer;
il émane du président de la chambre de commerce
d'exportation, M. Person[1]; nul n'était plus compétent pour le prononcer : « Je dis que les ou-
» vriers comprennent bien mal leurs intérêts lors-
» qu'ils se mettent en grève, et je voudrais qu'ils
» pussent m'entendre. Les grèves tuent le com-
» merce d'exportation. C'est pourtant ce com-
» merce qui procure aux ouvriers le plus grand

[1] *Procès-verbaux de la Commission d'enquête sur la crise industrielle*, p. 271.

» supplément de leur travail ; en faisant grève,
» les ouvriers tuent la poule aux œufs d'or. Au-
» jourd'hui, les commerçants se diront, et se disent
» déjà : Adressons-nous aux Allemands, pour être
» assurés de recevoir les marchandises commises.
» Les Allemands développent très intelligemment
» leur commerce ; ils prennent petit à petit ce que
» nous laissons tomber. Les grèves tendent à aug-
» menter les salaires, de sorte que le fabricant n'a
» pas une base fixe pour établir ses prix... »

Les ouvriers malheureusement ne voient pas ces conséquences ultérieures. Mais ce qui leur saute aux yeux, ce qui fait le fond de toutes leurs doléances, c'est la concurrence de plus en plus grande que viennent leur faire sur le marché national les bras étrangers. Dans leur déposition devant la Commission d'enquête, les entrepreneurs de peinture reconnaissent qu'ils ont dans leurs chantiers un quart d'ouvriers étrangers, belges et suisses ; et les entrepreneurs de fumisterie, que la *moitié* des leurs est composée de suisses et d'italiens. La déposition du préfet de police constatait encore, en 1884, et malgré une diminution sur l'année précédente, la présence à Paris de 37,000 étrangers environ logeant en garni. Voilà de quoi faire réfléchir ceux qui ont donné pour tout conseil à l'ouvrier celui de limiter sa progéniture pour améliorer son sort!

Quelles sont les causes de cette invasion? La hausse considérable des salaires et les grèves. Tous les ouvriers, dans tous les corps de métiers, reconnaissent, nous l'avons vu, que les étrangers travaillent à bien meilleur marché qu'eux : la différence va parfois du simple au double. D'autre part, quand on étudie le mouvement des grèves en ces derniers temps, on en voit pas mal qui se sont terminées par le renvoi des grévistes et leur remplacement par des bras étrangers. Il est impossible de considérer comme de vrais amis des ouvriers ceux qui les poussent à la grève !

Nous avons entendu, dans l'enquête sur la crise industrielle, plusieurs représentants des ouvriers, non contents de la liberté de coalition qui leur a été reconnue depuis vingt ans, de la liberté d'association qui vient de leur être donnée, réclamer contre les frontières qui la limitent et demander l'abrogation de la loi sur l'Internationale. Ils s'imaginent que, s'ils pouvaient s'entendre avec les ouvriers étrangers, l'âge d'or serait arrivé, et qu'ils feraient arbitrairement la loi au capital. C'est une puérilité! D'abord, l'attitude des ouvriers étrangers qui viennent prendre leur place en offrant leurs bras au rabais prouve assez qu'ils ne se laisseraient pas si facilement enrôler dans ces grèves universelles que rêvent les agitateurs. Le voulussent-ils, que la nature des choses aurait bientôt raison de pareilles entreprises. C'est folie de croire qu'en s'unissant les ouvriers peuvent faire hausser les salaires à volonté : toutes les grèves du monde ne feraient pas tomber la limite naturelle fixée par la libre concurrence entre les salaires et les profits, et, le jour où les salaires auraient dépassé cette limite, rien au monde ne pourrait les empêche rde rétrograder : les entreprises diminueraient et le nombre des salariés augmenterait! M. Paul Leroy-Beaulieu a dit avec beaucoup de raison que « sur » le terrain économique, l'Internationale est beau- » coup moins redoutable que sur le terrain poli- » tique[1]. »

Les grèves causent tant de maux qu'on a cherché avec ardeur les moyens de les prévenir. On a beaucoup espéré de l'arbitrage, et ce moyen a quelquefois réussi; il est l'indice d'un sérieux progrès moral; il prouve que la raison l'emporte sur la passion. Toutefois, il serait téméraire de compter sur l'arbitrage d'une manière absolue, du

______

[1] *La question ouvrière au XIXᵉ siècle*, p. 159.

moins en l'état de nos mœurs : dans la grève comme dans la guerre, l'arbitrage a chance de réussir quand chacune des parties n'a rien de plus à cœur que de mettre bas les armes; mais il est bien à craindre que la passion ne fasse le plus souvent rejeter cette solution pacifique. Les faits ne tendent pas à démontrer que l'arbitrage soit actuellement un moyen efficace de prévenir les grèves. Quelques-uns voudraient l'imposer; mais c'est impossible ! Soit qu'on regarde du côté de l'ouvrier, soit qu'on considère le patron : ce serait une atteinte au double principe de la liberté individuelle et de la propriété : vous ne pouvez pas forcer les ouvriers à travailler malgré eux, et vous ne pouvez pas forcer les patrons à travailler à perte ! L'arbitrage ne peut pas être imposé; il peut seulement et doit être encouragé.

Une méthode connue sous le nom d'*échelle mobile* a été employée depuis plusieurs années dans l'industrie de la houille et du fer, dans le nord de l'Angleterre, et a réussi à prévenir quelques grèves. On rend les salaires payés dans ces industries dépendant du prix du charbon et du fer, et la relation entre les salaires et les prix de vente, l'échelle est ajustée tous les deux ans. Un système analogue a été appliqué depuis 1865 dans les charbonnages de Pittsburg, en Pensylvanie, qui, sans réussir absolument à prévenir toutes les grèves (il n'a pu empêcher notamment la mémorable grève de l'hiver 1874-75), paraît cependant avoir généralement fonctionné à la satisfaction des employeurs et des employés. Quand les parties ne parviennent pas à s'entendre sur une demande soit d'augmentation, soit de diminution, le différend est soumis à un comité d'arbitrage composé de fabricants et d'ouvriers en nombre égal.

M. Leroy-Beaulieu propose de faire deux parts dans le salaire de l'ouvrier : l'une fixe, comportant un salaire minimum, et payable chaque semaine, ou chaque quinzaine; l'autre, variable suivant les prix, et payable chaque trimestre ou chaque semestre. De la sorte, l'ouvrier serait conduit à faire le départ de ce qui, dans son salaire, est variable et aléatoire, et il serait plus porté à épargner le supplément de salaire qu'il recevrait en gros, deux ou trois fois par an. Toutefois, M. Fawcett fait justement remarquer que ce système n'est guère applicable qu'aux industries dans lesquelles l'augmentation ou la diminution des bénéfices dépend de la hausse ou de la baisse des prix; dans nombre d'industries, l'augmentation des profits se manifeste surtout quand, les frais de production diminuant, les prix baissent et la consommation se développe largement. Ces remèdes ne sont que des palliatifs. M. Fawcett a parfaitement raison de dire que « aussi longtemps que les relations » entre le patron et l'ouvrier continueront à être » analogues à celles qui existent entre le vendeur » et l'acheteur d'une marchandise », le conflit d'intérêts et la grève seront à l'état de menace perpétuelle. Le grand mal, la plaie vive de notre état social, c'est l'antagonisme; il ne suffit pas d'y mettre du baume et de la charpie, il faudrait guérir la plaie!

La question est, avant tout, une question d'hygiène. « Afin d'obtenir un remède complet, dit » encore avec beaucoup de raison M. Fawcett, il » sera nécessaire de supprimer l'antagonisme d'in- » térêts qui subsiste à présent entre patrons et » ouvriers. » C'est vers ce but que doivent tendre aujourd'hui tous les efforts de ceux qui ont souci à la fois de l'ordre social et des intérêts des classes laborieuses.

Les remèdes sont de nature diverse. Les remèdes moraux, tels que l'instruction, la moralisation, le dévouement doivent être cités en première ligne. Mais il est un remède immédiatement applicable, et qui semble particulièrement approprié au but de conjurer les grèves; et il est d'autant plus opportun de le mettre en relief, que, d'une part, il est généralement vu d'un mauvais œil par les ouvriers, et que, d'autre part, il a été accueilli avec une froideur marquée par la plupart des économistes : nous voulons parler de la participation aux bénéfices. Nous en dirons quelques mots, en parlant de l'avenir du salariat, dans la troisième partie, dans laquelle nous entrons.

TROISIÈME PARTIE.

DE L'AVENIR DU SALARIAT.

Nous nous proposons de rechercher maintenant quel est l'avenir du salariat : c'est la conclusion logique et pratique des faits et des lois que nous avons cherché à mettre en lumière ; c'est le complément naturel de notre étude.

Deux questions dominantes se posent devant nous : le salariat doit-il disparaître, et comment? Le salariat peut-il s'améliorer, et comment? Nous traiterons sommairement la première, qui n'a pas actuellement une importance pratique considérable, pour nous arrêter plus longtemps sur la seconde, qui nous paraît aujourd'hui capitale.

CHAPITRE I.

Le salariat doit-il disparaître?

Le salaire n'est-il, comme l'a dit Rossi, qu'un accident, une forme de notre état social? Est-il vrai, comme l'a écrit Stuart Mill, que « l'état de » salarié ne sera bientôt plus que celui des ou- » vriers que leur abaissement moral rendra indi- » gnes de l'indépendance, et que les rapports de » patron à ouvrier seront remplacés par l'associa- » tion sous une ou deux formes : association tem- » poraire dans certains cas des ouvriers avec » l'entrepreneur; dans d'autres cas, et à la fin » dans tous, association des travailleurs entre » eux »? — Hélas! non; et nous sommes là dans le domaine de l'utopie! Que l'association, la forme qui remplacerait le salariat, soit susceptible de se développer dans des limites beaucoup plus larges que ce que nous voyons aujourd'hui, nous le croyons tout à fait et nous le souhaitons de tous nos vœux. Qu'elle puisse s'étendre et se généraliser au point de faire disparaître le salariat, c'est ce que ni les faits, ni la raison, ne nous autorisent à admettre.

Que manque-t-il au salarié pour s'élever à la condition d'entrepreneur? Il lui manque d'abord le capital, fondement même de toute entreprise : il faut un capital fixe, sous forme d'usine, d'atelier, d'outils, de métiers, de machines, etc.; il faut encore un capital circulant, pour acheter des matières premières, faire marcher l'usine ou l'atelier jusqu'à ce qu'on puisse en échanger les produits. Théoriquement, l'association peut doter le salarié du capital qui lui manque : 1° en réunissant un certain nombre de petits capitaux, qui, isolément, seraient insuffisants, les ouvriers peuvent constituer un capital capable de leur permettre de fonder une entreprise : encore cela suppose-t-il qu'ils ont acquis déjà un petit capital, c'est-à-dire qu'ils ont travaillé en qualité de salariés; le salariat apparaît encore comme une première étape nécessaire; — 2° lors même qu'ils n'auraient aucun capital, le crédit peut le leur mettre aux mains; le crédit, qui n'ira pas généralement à l'individu isolé, sans garantie, exposé à toutes les chances mauvaises, indépendantes même de sa volonté, ira volontiers à une collection d'individus qui se portent garants les uns des autres et s'assurent en quelque sorte mutuellement : c'est sur cette base que le crédit populaire a été fondé en Allemagne par Schulze-Delitsch, et qu'il y a prospéré, ainsi que chez plusieurs nations voisines.

Mais il y a autre chose, qui ne se donne pas, et qui n'est pas moins indispensable au succès de toute entreprise : c'est un ensemble de qualités intellectuelles et morales qui ne se rencontre certainement aujourd'hui que chez une élite très restreinte, et qui ne se rencontrera jamais chez tous les salariés. On aura beau généraliser l'instruction : il y aura toujours des humbles d'esprit; la semence ne peut germer que dans un bon terrain. Et puis, l'instruction n'est pas tout, ne donne pas tout : l'homme le plus instruit peut manquer de cette exacte appréciation des hommes et des choses, qui s'appelle le jugement, et qui est une des conditions les plus essentielles dans la direction des affaires; les qualités morales, telles que la prévoyance, la fermeté, seront toujours l'apanage du petit nombre. C'est là, selon nous, la raison décisive qui ne permet pas d'espérer que

l'association se généralise au point de remplacer
complètement le salariat. Ce n'est pas dans la
nature même de l'industrie, si ce n'est toutefois
pour certains services tels que ceux des domestiques, que nous voyons un obstacle absolu à
l'association; quand M. Paul Leroy-Beaulieu [1] cite
les emplois de barbier, de jardinier, de portefaix,
l'éminent économiste fait, à notre avis, une con-
fusion : ce sont là des entrepreneurs, ce ne sont
pas des salariés dans le sens qui nous occupe.
Mais la raison péremptoire, c'est que la généralité
des hommes manquera probablement toujours des
qualités personnelles requises pour la direction
des entreprises industrielles. Et qu'on ne dise pas
que les associés peuvent choisir un directeur, un
gérant. — Eh ! sans doute, ils le peuvent; mais,
après qu'ils l'ont choisi, ils veulent et ils voudront
toujours le diriger, le contrôler. L'humanité est
ainsi faite ! Il est très rare que l'homme sente les
qualités qui lui manquent, et il est très fréquent
qu'il s'attribue les qualités qu'il n'a pas. Là où
chacun est maître, chacun veut naturellement
faire acte de maîtrise : les associés sont et seront
toujours peu enclins à abdiquer entre les mains

[1] *Essai sur la répartition des richesses*, chap. xiv.

d'un gérant ; l'expérience prouve que la direction a été l'écueil des sociétés coopératives ; et rien n'autorise à croire à un changement radical dans l'avenir. Voici le témoignage d'un homme très compétent et tout dévoué aux classes laborieuses, M. le sénateur Corbon : « De toute l'expérience » que nous avons faite, il résulte que c'est bien » moins le capital qui a fait défaut aux associations » que l'homme ayant les qualités voulues pour » être associé. Nous n'avons pas encore les mœurs » de l'association ; nous apportons dans la société » coopérative l'esprit chagrin, les défiances con- » tractées dans l'atelier patronal, et, de plus, le » déplorable esprit de nivellement des capacités et » des traitements ». — Si M. Corbon croit que ce n'est là qu'un accident, une maladie guérissable, il se trompe : c'est la nature humaine prise sur le fait ! — M. Le Play [1], dans un jugement trop sévère, à notre avis, pour l'association, a nettement indiqué les causes qui la maintiendront toujours à l'état d'exception : « Les communautés créées » depuis 1848 ont, en général, échoué par trois » causes principales : les ouvriers n'ont guère » obéi aux pouvoirs qu'ils avaient constitués ; ils

______

[1] *De l'organisation du travail,* p. 189, n. 4.

» ont choisi des chefs peu capables, ou ils ont mal
» rétribué ceux qui étaient à la hauteur de leur
» fonction; enfin, ils ont partagé prématurément
» les profits... Quant aux rares communautés qui
» ont réussi à se constituer, elles resteront toujours,
» dans une société libre, à l'état d'exception. Elles
» ne conviennent ni aux masses dépourvues des
» qualités morales nécessaires à toute action col-
» lective, ni aux individus éminents qui peuvent
» prospérer par leurs propres efforts. Elles répon-
» dent seulement aux convenances de cette caté-
» gorie restreinte d'ouvriers qui, par leur bonne
» conduite, se prêtent aux exigences du travail
» en commun, sans avoir l'initiative que réclame
» le succès sous le régime individuel. »

Le mouvement coopératif s'est vivement accentué
dans ces derniers temps. En mars 1883, on comptait à Paris 35 à 40 associations ouvrières de production. Dans son rapport à la Commission d'enquête extraparlementaire des associations ouvrières, M. Barberet en signale, en avril 1885, 74,
dont il donne le tableau synoptique[1], comprenant
ensemble 4,077 associés, avec un capital souscrit
de 7,198,712 fr., et un capital versé de 3,167,299 fr.

[1] *Journal officiel*, 16 mai 1885.

C'est beaucoup, si l'on considère le laps de temps dans lequel ce mouvement s'est développé.

Une chose nous frappe dans l'organisation de ces associations, et nous confirme de plus en plus dans notre opinion sur la permanence du salariat. Presque toutes ces associations emploient des auxiliaires salariés, et c'est le plus petit nombre (14) qui font participer ces auxiliaires aux bénéfices.

Nous nous réjouissons du développement du mouvement coopératif, à la condition toutefois qu'il soit spontané et naturel; c'est ainsi seulement qu'il peut être durable et profitable aux classes laborieuses. Nous ne voudrions jamais voir l'État provoquer artificiellement, comme il l'a fait en 1848, comme il semble assez enclin à le faire derechef aujourd'hui, l'éclosion et le développement des associations ouvrières : non-seulement parce que l'État sort ainsi de son rôle et de ses attributions naturelles et qu'il s'engage sur la pente dangereuse du socialisme, mais encore parce qu'il agit contrairement aux intérêts des classes laborieuses, qu'il prétend servir. Il peut bien développer l'association par des faveurs et des subventions; mais il ne lui appartient pas de doter les associés des qualités diverses qui sont indispensables pour que l'association réussisse. Or, si les ouvriers s'associent dans des conditions telles qu'ils aient toutes chances d'échouer, il est clair que l'association tournera contre eux, et que leur situation sera plus mauvaise que celle de salariés qu'ils avaient auparavant. La plupart des associations fondées en 1848, sous l'impulsion gouvernementale, végétèrent : c'est à peine s'il en subsiste deux ou trois aujourd'hui.

Nous ne pouvons nous empêcher de regretter que les ouvriers français s'obstinent à commencer par la société de production, dont les sociétés de consommation et de commerce nous paraissent être l'école et le stage nécessaires. La société de production est celle dont le succès réclame les conditions les plus difficiles, celle qui exige au plus haut point le capital matériel, intellectuel et moral dont nous avons parlé. C'est par là qu'il faudrait finir, et c'est par là qu'on a toujours commencé chez nous.

Quel que soit le succès de la tentative nouvelle qui se fait en ce temps-ci, l'association, en l'avenir de laquelle nous avons foi, ne fera jamais cependant disparaître le salariat. Nous ne disons pas, nous nous gardons bien de dire avec M. Cernuschi : « Attaquer la combinaison si simple,

» si naturelle du salariat, c'est retourner en ar-
» rière, vers un état moins civilisé. » Nous
croyons, au contraire, que c'est marcher en
avant, mais vers un idéal qui ne sera jamais atteint que par l'élite et dont le chemin est bordé
de précipices. Il n'est pas bon que les faibles et
les infirmes s'y aventurent !

CHAPITRE II.

Le salariat peut-il s'améliorer?

Il n'est pas besoin d'ailleurs que le salariat disparaisse pour que la condition des ouvriers s'améliore. Elle s'est déjà, nous l'avons démontré, notablement améliorée, et elle est susceptible d'une amélioration, pour ainsi dire, indéfinie. M. Paul Leroy-Beaulieu a très bien montré, dans son *Essai sur la répartition des richesses* (ch. xiv), que la civilisation a une tendance certaine à améliorer la condition des salariés. Mais, pour qu'elle s'améliore, il faut de toute nécessité qu'il s'opère un changement dans les idées, dans les mœurs et dans la manière d'être des ouvriers.

On peut concevoir que l'amélioration du sort des classes laborieuses se produise de deux manières : soit parce qu'elles recevront plus, soit parce qu'elle dépenseront moins. Il est à peine besoin de dire que la seconde manière, la tempérance et l'épargne, est, pour le moment présent, la seule possible. L'industrie, dans toutes ses branches, traverse une crise intense, dont nul ne peut encore prédire la fin; chez nous, la plupart des patrons signalent comme une des causes de cette crise l'exagération des salaires; et il est certain que la plupart des dernières grèves ont été causées par des réductions de salaires. Jamais donc la nécessité de l'épargne et de la prévoyance ne s'est plus impérieusement imposée aux classes laborieuses. Malheureusement la prévoyance est inconnue de la grande majorité des ouvriers. Les constatations de l'enquête sur la crise industrielle à Paris sont vraiment tristes à cet égard. La Commission d'enquête a entendu les représentants des chambres syndicales d'ouvriers appartenant à une cinquantaine de professions différentes : on n'en compte pas 15 qui aient des caisses de secours, et 6 à 7 seulement ont déclaré avoir une caisse de retraite; encore faut-il ajouter que ces sociétés de prévoyance comptent un nombre d'adhérents dérisoire : 10,000 peintres en bâtiment fournissent 200 membres à deux sociétés de secours mutuels; on trouve 460 membres de pareilles sociétés sur 20 à 25,000 ouvriers de l'ameublement, 200 sur 20,000 graveurs et 100 sur 20,000 ouvriers mécaniciens! Toutes les dépositions de l'enquête prouvent que la prévoyance fait défaut chez nos ouvriers : « Je ne connais, dit le représentant de » la chambre syndicale des coupeurs-tailleurs, » aucun de mes collègues qui mette de côté, ou » dans des proportions très minimes. » Cet ouvrier gagnait 4,000 fr.; sa femme, repasseuse, gagnait 2 fr. par jour, et ils avaient un seul enfant!

L'ouvrier n'épargne pas par deux raisons : d'abord, parce qu'il ne voit pas, qu'il ne comprend pas la nécessité de l'épargne et de la prévoyance; ensuite, parce qu'il a développé ses besoins et ses consommations de luxe de manière à absorber le fonds qui devrait servir à l'épargne.

Que l'ouvrier ne comprenne pas la nécessité de la prévoyance, c'est ce qui serait suffisamment établi par les faits que nous venons de résumer, lors même qu'on ne pourrait pas invoquer bien des témoignages concluants. Citons quelques-uns des plus récents. Dans l'enquête sur la crise industrielle, le syndicat des entrepreneurs de peinture nous dit : « On a peu fait, il est vrai, pour » encourager la participation à ces caisses; mais » la faute en est plutôt aux ouvriers qu'aux pa-

» trons : les ouvriers en ont maintes fois, dans des
» circulaires, repoussé l'idée ». — La chambre
syndicale des entrepreneurs de couverture et de
plomberie : « Les ouvriers n'étant point partisans
» de l'épargne collective, on n'a jamais rien pu
» créer dans cet ordre d'idées ». — La chambre
syndicale des entrepreneurs de fumisterie : « Les
» ouvriers ont refusé le secours des patrons pour
» fonder une caisse de secours et de retraite. »
— La chambre syndicale des entrepreneurs de
plomberie et appareils à gaz : « Les ouvriers
» paraissent peu disposés à entrer dans des com-
» binaisons de ce genre; ils ne verraient d'un bon
» œil que les caisses alimentées exclusivement par
» les patrons ». — Du reste, les ouvriers eux-
mêmes s'en expliquent catégoriquement : « Nous
» ne faisons rien, dit le représentant du syndicat
» des ouvriers peintres en bâtiment, pour encou-
» rager la participation à ces caisses; nous dé-
» tournons, au contraire, tous nos amis autant
» que possible d'y participer..... *Je considère que*
» *même les caisses de retraite formées par des*
» *cotisations libres sont nuisibles à la moralité*
» *des individus,* parce qu'elles ont pour résultat
» qu'on se dispense de toutes relations avec ses
» voisins, qu'on n'aide plus les vieillards, que

» l'unique préoccupation de l'existence est de s'as-
» surer une retraite, et qu'on se dispense de toute
» confraternité ». — N'est-il pas déplorable que
nos ouvriers soient à pareille école et se nourris-
sent de tels enseignements !

Il faut prêcher et apprendre la prévoyance aux
ouvriers, qui ne la connaissent pas ou qui la re-
poussent. Le conseil sans doute n'est pas nouveau ;
mais il faut le répéter jusqu'à ce qu'il soit entendu.
Il est nécessaire qu'un grand effort social se porte
aujourd'hui vers l'amélioration du sort des classes
laborieuses : la paix sociale est à ce prix ; or, le
moyen le plus pratique actuellement est l'épargne
et la prévoyance.

Pour épargner, les ouvriers devront restreindre
certaines de leurs consommations. Ce serait un
grand mal, et nous n'oserions pas le proposer,
s'il s'agissait de diminuer le bien-être des familles.
Il faut se réjouir de voir un certain confort pénétrer au foyer de l'ouvrier, et nous sommes loin de
croire que tous les progrès désirables soient ac-
complis dans cette voie : il en reste, au contraire,
beaucoup à faire, particulièrement au point de vue
du logement ; et l'on doit d'autant plus désirer voir
ces progrès se réaliser, que la dignité et la moralité de l'ouvrier y sont directement intéressées.

Mais il y a, au contraire, certaines consommations qui tendent à détruire cette moralité et cette dignité, et ce sont malheureusement celles-là qui se sont le plus développées en ces derniers temps. Le cabaret est la ruine de la classe ouvrière et l'une de nos plaies sociales les plus graves. Si l'ouvrier ne buvait pas, et épargnait tout ce qu'il dépense au cabaret, nous ne craignons pas d'affirmer que la grande majorité de nos ouvriers vivraient dans une aisance relative. On se rappelle cette douloureuse déposition faite par le représentant de la chambre syndicale des entrepreneurs de démolition : « *J'estime à 33 %, le montant des sa-* » *laires qui passe chez le marchand de vin, en* » *dehors de la nourriture.* » On se rappelle que la consommation de l'alcool a augmenté de 48 % depuis la période 1865-1869, c'est-à-dire depuis moins de vingt ans.

Quand nous signalons le cabaret comme l'ennemi, c'est, avant tout, l'ennemi des ouvriers et des familles ouvrières : des ouvriers, qu'il dégrade et affaiblit; des familles ouvrières, car la dépense du cabaret n'est pas seulement une dépense de luxe, et de mauvais luxe, mais c'est une dépense égoïste; l'ouvrier qui s'y livre oublie la famille et la sacrifie à ses seules jouissances. Nous ne connaissons pas de réforme plus urgente aujourd'hui que celle-ci : arrêter les progrès de l'alcoolisme.

M. René Lavollée, étudiant la condition des pays scandinaves, a bien raison de dire que « la » véritable condition de bonheur pour les classes » laborieuses consiste moins dans l'élévation du » salaire que dans l'ensemble des mœurs et des » institutions qui permettent d'en faire l'usage le » plus moral et le plus fructueux. »

Nous avons dit que, pour le temps présent, nous n'apercevions pas d'autre moyen d'amélioration pour les classes laborieuses que la prévoyance et l'épargne. Mais cette crise, si longue soit-elle, sera temporaire; il faut porter nos regards plus loin, et rechercher si et par quels moyens le salaire pourra s'améliorer.

Si la théorie que nous avons développée sur les salaires est vraie, il en faut conclure que toute cause de nature à développer la productivité du travail doit tendre à améliorer la condition des salariés.

L'économiste américain Carey, analysant les circonstances principales qui influent sur la productivité du travail, en a distingué cinq : la sécurité des personnes et des propriétés, la liberté personnelle, la liberté du commerce, l'habileté industrielle et l'importance du capital, en comprenant dans ce mot la terre en culture. M. Leroy-Beaulieu, qui reproduit ce tableau, y ajoute avec raison le mode d'organisation du travail et le mode de rémunération de l'ouvrier. Ces deux derniers éléments ont, en effet, une influence considérable; nous le reconnaîtrons bientôt en parlant de la participation aux bénéfices. M. Leroy-Beaulieu ne dit pas que la liste soit, de la sorte, complète; et en effet, sans parler de causes secondaires, telles que la force musculaire et autres, et, en admettant que l'instruction et les connaissances techniques rentrent dans l'habileté professionnelle, nous apercevcns une cause très puissante, la plus puissante de toutes peut-être, qui ne figure pas dans ce tableau : la moralité de l'ouvrier, c'est-à-dire l'ensemble de ses qualités morales.

La sécurité des personnes et des propriétés, la liberté personnelle, la liberté du commerce sont l'œuvre exclusive du législateur : nous n'avons rien à en dire. Le perfectionnement du capital fixe, les progrès industriels de toute nature qui augmentent constamment la productivité du travail sont nécessairement favorables aux travailleurs et tendent certainement à améliorer leur sort. Il faut déraciner l'erreur trop répandue chez les ouvriers, qui leur fait considérer les machines comme des rivales, comme des ennemies : elles peuvent, par leur apparition subite, causer des maux individuels; les faits les plus concluants prouvent qu'elles sont éminemment profitables à la généralité. Nous croirions volontiers que les différentes nations pourraient être classées sur la même ligne au point de vue du taux des salaires et du développement du capital fixe. Mais le progrès ne se commande pas, et il n'y a pas là matière à réforme sociale.

Ce qui est d'un intérêt essentiellement pratique, c'est de rechercher quels sont les vices de l'atelier industriel, tel que nous le voyons fonctionner aujourd'hui, qui entravent le plus la productivité du travail, et d'essayer d'y porter remède.

Les plus saillants de ces vices nous paraissent être : l'ignorance économique de nos ouvriers; — la disparition de l'apprentissage; — l'antagonisme croissant entre les ouvriers et les patrons; — la démoralisation qui a pénétré dans toutes les classes laborieuses.

Il faut dire quelques mots de chacune de ces causes d'appauvrissement : elles tendent à mettre dans tout son jour l'harmonie de la morale et de l'économie politique.

CHAPITRE III.

L'ignorance économique des ouvriers.

Une des causes les plus manifestes du malaise social dont nous souffrons est l'ignorance économique des ouvriers. Cette ignorance sans doute n'est pas nouvelle; mais elle n'existait, pour ainsi dire, qu'à l'état latent; elle s'est manifestée avec ses dangereux effets à mesure que le parti ouvrier s'est agité et a formulé son programme. « Nos ouvriers, disait M. le sénateur Corbon à » la Commission d'enquête sur la crise industrielle, » ne veulent pas se rendre compte des nécessités » de la concurrence. *Il y a chez eux une igno-* » *rance complète de l'économie politique.* » L'enquête tout entière a été, d'un bout à l'autre, la manifestation éclatante de cette vérité. Nous admettons volontiers que toutes les idées qui y ont été émises ne sont pas celles de tous les ouvriers; nous croyons bien, avec le président de la chambre de commerce de Paris, « qu'il y » a deux catégories d'ouvriers : ceux qui sont » attachés à l'établissement, qui travaillent leurs » six jours par semaine, qui ont un ménage, qui » élèvent bien leurs enfants, et qu'on ne voit guère » dans les réunions publiques, et ceux qui dé-» jeunent le matin avec des huîtres et une bou-» teille de vin blanc, qui vont au café faire une » partie de billard, et qui trouvent que tout est » mauvais dans le pire des mondes »; et M. Dietz-Monnin ajoutait : « Je ne crois pas que la Com-» mission d'enquête ait entendu la bonne ca-tégorie ». — Soit; mais ceux-là sont les plus remuants, ils peuplent les syndicats, ils alarment les capitaux, ils ne se lassent pas de dire ou d'entendre leurs prédications réciproques, et ils font des prosélytes! N'est-il pas attristant de lire ce manifeste, émané de la réunion de quarante-cinq chambres syndicales d'ouvriers[1] :

« 1° Vote de crédits pour distribuer aux ouvriers sans travail; — 2° Remise d'un terme de loyer

---

[1] Déposition du Comité national de la Fédération des travailleurs socialistes de France : *Procès-verbaux de la Commission d'enquête sur la crise industrielle*, p. 148.

aux locataires ouvriers; — 3° Dégrèvement des impôts sur les matières premières et les denrées alimentaires; — 4° Obligation pour les propriétaires de faire exécuter immédiatement les réparations nécessitées par la salubrité et l'hygiène; — 5° Irréductibilité des salaires, fixés par la série de la ville de Paris; — 6° Réduction de la journée de travail à huit heures, sans diminution de salaire; — 7° Concession des travaux publics aux chambres syndicales et groupes corporatifs; — 8° Reddition gratuite des objets engagés au Mont-de-piété; — 9° Ouverture par les pouvoirs publics de boulangeries et de boucheries; construction de maisons ouvrières; — 10° Ouverture d'ateliers nationaux; — 11° Impôt sur les terrains non bâtis; réquisition des logements non loués, pour être mis à la disposition des ouvriers sans travail pendant une durée double de leur non occupation; — 12° Impôt fortement progressif sur les héritages; réduction sur le service des rentes! »

Au milieu de quelques propositions sérieuses, et qui se peuvent défendre, que de vœux qui ne blessent pas moins le bon sens que l'équité, voire même la probité, et, disons le mot, que d'insanités! Certes, tous les ouvriers entendus dans l'enquête ne demandent pas la réduction du service des rentes; mais tous, ou à peu près, demandent des choses impossibles, tous font appel à l'État pour réduire la journée de travail, pour fixer un minimum de salaire, pour les protéger contre la concurrence étrangère, etc.; tous enfin sont enclins à voir dans l'État une Providence! Une déposition nous a frappé par la naïveté de ses vœux, c'est celle du syndicat des peintres sur porcelaine, elle se termine ainsi : « Enfin, » *nous voulons des secours, nous voulons être* » *heureux* ». — Voilà bien les aspirations d'une partie des classes ouvrières aujourd'hui : jouir et jouir par l'État aux frais de la communauté!

Ces idées sont malsaines. Plus les théories socialistes gagnent de terrain, plus l'ouvrier s'en remet sur l'État du soin d'assurer son bonheur, moins il songe à le demander à ses propres forces, plus l'énergie et la prévoyance des individus s'atrophient. D'autre part, cet appel incessant à l'autorité et à la contrainte ne fait qu'aggraver l'antagonisme entre patrons et ouvriers, dont nous parlerons tout à l'heure, et auquel il est tout à fait urgent de porter remède. Enfin, cette ignorance économique de nos ouvriers les rend incapables de se rendre compte des conditions de la concurrence actuelle; elle les porte à faire grève, alors même qu'il n'y a pour eux aucune chance de succès, et que même le succès, s'ils l'obtenaient, leur serait pernicieux pour l'avenir; elle les détourne du travail et du seul but qui peut améliorer leur sort, le développement de la productivité du travail, pour les engager dans une voie au bout de laquelle les attendent fatalement de cruelles déceptions.

On reprochait aux ouvriers belges de faire le lundi. Voici la réponse de leurs délégués[1] : « Supposons que nous ne chômions pas le lundi; » notre position en serait-elle meilleure? Assuré- » ment non. Nous augmenterions ainsi la con- » currence. Un certain nombre de bras qui se » présentent sur le marché six fois par semaine » au lieu de cinq équivaut à un nombre de bras » qui est d'un cinquième plus considérable. C'est » toujours une augmentation de l'offre du travail, » *et les économistes eux-mêmes nous ont appris* » *que le salaire est d'autant plus haut que le* » *travail est moins offert.* La suppression du chô- » mage du lundi se traduirait pour nous en ce fait

---

[1] M. Paul Leroy-Baulieu, *De l'état moral et intellectuel des populations ouvrières*, p. 40.

» désavantageux : travail de six jours, salaires de
» de cinq; peines et labeurs accrus, émoluments
» stationnaires ! »

« Il est absolument impossible à l'ouvrier, disait
» M. Tolain dans l'enquête, de constater si ses
» réclamations sont justes ou fausses, raisonnables
» ou exagérées. Il n'a reçu aucune espèce d'édu-
» cation économique; il a été laissé — involon-
» tairement, je le veux bien; mais enfin, c'est
» un fait que je constate — dans une ignorance
» complète de la situation intellectuelle et éco-
» nomique de tous les peuples qui nous entou-
» rent... » — Sans doute ce n'est pas seulement
chez les ouvriers que nous pouvons déplorer l'i-
gnorance des lois économiques, et M. Tolain avait
raison de dire qu'elle n'est souvent pas moindre
chez les patrons que chez les ouvriers; mais elle
affecte chez ceux-ci, à raison sans doute d'un
niveau intellectuel inférieur, une forme particulièrement crue et dangereuse, et elle risque toujours de leur faire plus de mal, en même temps
que de porter une plus grave atteinte à l'ordre
social.

Si l'on nous demandait si la liberté des syndicats professionnels aura une influence heureuse
sur le sort des salariés, nous avouons humblement

que nous serions assez embarrassé pour répondre. Nous sommes tout à fait partisan de la liberté d'association, et nous ne regrettons qu'une chose, c'est que la loi ait accordé comme une faveur à quelques-uns ce qui devrait être le droit commun pour tous. Dans l'application, nous sommes un peu effrayé par l'état d'esprit de nos ouvriers; nous ne pouvons oublier que c'est l'avant-garde des syndicats professionnels que nous avons entendue dans l'enquête sur la crise industrielle, et son programme est peu rassurant! L'association est un instrument puissant, et partant dangereux. Si elle applique ses forces à fomenter et soutenir les grèves et à faire triompher les idées socialistes, elle fera autant de mal aux ouvriers qu'elle pourrait leur faire de bien si elle s'appliquait à les instruire et à développer la productivité du travail, l'épargne et la prévoyance.

CHAPITRE IV.

La disparition de l'apprentissage.

Une des causes de décadence qui menacent le plus l'industrie française, et, par suite, la condition des travailleurs français, et qui est peut-être la moins aperçue, c'est la disparition presque complète de l'apprentissage. Une déposition nous a vivement frappé à cet égard dans l'enquête sur la crise industrielle, celle de M. Dubuisson, inspecteur départemental du travail des enfants : « J'arrive à » une cause bien autrement grave, et qui malheu- » reusement ne tend qu'à s'aggraver : je parle de » la décadence de plus en plus marquée de l'ap- » prentissage dans l'industrie parisienne. On a » prétendu que les industriels se refusaient à faire » des apprentis..... La vérité, et j'en parle savam- » ment, est qu'il y a beaucoup plus de patrons

» demandant des apprentis que de patrons refusant
» d'en prendre. La meilleure preuve, c'est que
» l'assistance publique et les sociétés diverses qui
» se chargent du placement des enfants orphelins
» et abandonnés n'en ont jamais assez pour satis-
» faire à toutes les demandes. Que se passe-t-il
» donc? Le voici : Au point de vue de l'apprentis-
» sage, on peut diviser les industries en deux
» groupes : 1° Celles où l'enfant reçoit de suite un
» salaire, parce qu'il rend de suite des services,
» son office n'exigeant à peu près aucun appren-
» tissage ; 2° celles où l'enfant ne reçoit un salaire
» qu'au bout de trois ou quatre ans, parce qu'il n'y
» peut être utile qu'après un apprentissage plus
» ou moins prolongé. On prévoit ce qui arrive :
» beaucoup de parents, plus soucieux de tirer
» immédiatement parti de leur enfant que d'as-
» surer son avenir, le placent dans une industrie
» où il gagne presque sa vie dès l'entrée : c'est le
» cas de l'imprimerie, où il reçoit la feuille, de la
» passementerie, où il tourne la roue, et de bien
» d'autres états. Chose désastreuse à tous les points
» de vue ! D'abord, l'enfant n'apprend en réalité
» aucun métier ; ensuite, à moins qu'il n'ait des
» parents qui veillent sérieusement sur lui, ce qui
» est l'exception, il ne tarde pas à s'émanciper : il

» n'a pas plutôt gagné quelques pièces blanches
» qu'il quitte le travail, court les rues, débauche
» les enfants des industries voisines et ne revient à
» l'atelier que lorsqu'il y est poussé par la faim.....
» D'autre part, les conditions de l'apprentissage,
» dans les ateliers où il existe encore, ne sont plus
» du tout aujourd'hui ce qu'elles étaient autrefois.
» Le contrat d'apprentissage est l'exception. On se
» contente de part et d'autre d'un engagement
» verbal, à moins qu'on ne prenne pas d'engage-
» ment du tout..... La vieille coutume qui faisait
» de la famille du patron une nouvelle famille pour
» l'enfant n'est plus qu'un souvenir. Rien n'est
» plus rare que de trouver l'enfant logé et nourri
» chez le patron. L'enfant n'est plus qu'un petit
» ouvrier, payé ou non, entrant et sortant aux
» mêmes heures que les autres. On juge si les oc-
» casions lui manquent de rompre sa chaîne... Que
» devient alors l'apprentissage? *Il se meurt*, et il
» n'est que temps de crier gare et d'aviser *si l'on*
» *ne veut voir bientôt périr avec lui les dernières*
» *espérances de l'industrie parisienne* ». — Cette
déposition, émanant d'un homme qui voit les choses
de près et qui peut en même temps les juger de
haut, nous a paru d'une gravité extrême. Elle
concorde d'ailleurs avec les autres dépositions de

l'enquête. Nous en trouvons la confirmation dans celle de M. Dietz-Monnin, président de la chambre de commerce de Paris, dans celle de M. le sénateur Corbon, et dans bien d'autres. Il y a là un péril d'une gravité extrême pour l'industrie française et pour nos ouvriers. Ceux qui ont été ainsi employés dès l'enfance, par l'égoïsme des parents, à des travaux purement machinaux, et qui n'ont pas fait l'apprentissage sérieux d'un métier, ne seront jamais capables d'offrir qu'un travail purement manuel, le moins rétribué de tous, le plus exposé à la concurrence des bras étrangers, à l'instabilité et au chômage, celui aussi qui est le plus menacé par le développement du travail mécanique. La productivité du travail, dont dépendent les salaires, doit diminuer par cela seul que l'instrument n'acquiert pas toute la puissance qu'il pourrait acquérir. Il y a là une première cause de dépression des salaires. Il en est une autre, plus visible encore et plus indéniable; c'est le développement de la concurrence étrangère. Tout le monde constate ce phénomène; très peu de personnes en recherchent les causes. Or, il n'est pas douteux pour nous qu'une des principales causes est que nous sommes en train de perdre la supériorité incontestable que nous possédions jusqu'à ces derniers temps au point de

vue du goût et de la perfection des produits. Écoutons l'appréciation de M. Corbon [1] : « On n'a pas
» assez tenu compte dans notre pays de l'avertis-
» sement qui, dès 1851, lors de la première expo-
» sition universelle, était donné dans des rapports
» très étudiés, très circonstanciés, que l'industrie
» française était menacée par l'industrie étrangère;
» que la distance entre la capacité française et la
» capacité étrangère diminuait toujours, qu'il fallait
» faire des efforts pour conserver la prééminence
» aux produits français..... Nous ne devons pas
» nous dissimuler que la supériorité incontestable
» qui autrefois faisait briller nos produits nous est
» aujourd'hui disputée; *nous n'avons pas fait au-*
» *tant de progrès que les autres nations; nous*
» *sommes restés presque stationnaires.....* Pour-
» quoi diverses industries françaises, et notamment
» les productions parisiennes n'ont-elles pas fait de
» progrès ? *Parce que la capacité ouvrière fait*
» *défaut; parce qu'on ne forme plus d'apprentis.*
» Aujourd'hui, dans les ateliers où l'on prend des
» jeunes gens, c'est pour les utiliser immédiate-
» ment, en les employant à une spécialité res-

---

[1] *Procès-verbaux de la Commission d'enquête sur la crise industrielle*, p. 94.

» treinte, et, quand ils sont arrivés à l'âge d'adul-
» tes, ils ne sont pas de véritables ouvriers, ils ne
» savent pas l'ensemble du métier ». — L'appréciation de M. Tolain, non moins compétente, ne
diffère point de celle-ci : « *Il est évident que le
» niveau du savoir professionnel tend à baisser ;*
» il n'est pas contestable que le nombre des ou-
» vriers véritablement instruits, de ceux que nous
» appelions jadis des artisans, c'est-à-dire capables
» de faire un produit déterminé, en ayant la com-
» préhension, diminue chaque jour[1]. »

Que la concurrence étrangère soit une cause de
diminution des profits et des salaires, c'est ce que
le bon sens indique et ce que prouvent surabon-
damment les faits contemporains. Tous les industriels entendus dans l'enquête ont affirmé que l'é-
lévation des salaires français leur rendait la concurrence étrangère de plus en plus insoutenable :
l'effet de cette concurrence sera donc de faire rétrograder les salaires en France, et c'est le mouvement auquel nous assistons. Les intéressés proposent d'arrêter cette concurrence par des droits
de douane. Le malheur est que ce remède doit

---

[1] *Procès-verbaux de la Commission d'enquête sur la crise
industrielle,* p. 129.

avoir pour effet certain d'aggraver le mal. La cause du mal est que nous n'avons pas su conserver la supériorité industrielle dont nous jouissions, que nous sommes restés stationnaires, tandis que les autres marchaient. Or, la protection douanière a précisément pour effet fatal d'engourdir l'industrie, de ralentir le progrès! Quiconque a lu les différentes enquêtes parlementaires qui se sont déroulées sur les tarifs de douane, a recueilli les aveux, à cet égard, d'une foule d'industriels protégés eux-mêmes. D'autre part, la protection douanière, si elle peut avoir pour effet d'augmenter momentanément les profits et les salaires dans certaines industries, diminue cependant, nous l'avons reconnu, la productivité du travail, et il nous est, par cela même, impossible d'admettre qu'elle soit profitable à la généralité des travailleurs.

Le seul remède que le bon sens indique, c'est de travailler à reconquérir notre suprématie industrielle, qui n'est pas perdue, mais qui périclite! Et le meilleur moyen pour cela, c'est de restaurer l'apprentissage.

CHAPITRE V.

L'antagonisme des ouvriers et des patrons.

Le trait le plus saillant, en même temps que le plus grand danger de l'organisation actuelle du travail, c'est l'antagonisme de plus en plus aigu entre les ouvriers et les patrons. Il est si universel que quiconque approche un peu de près l'atelier industriel n'entend guère autre chose qu'un sourd grondement, et que ceux même qui restent à l'écart en perçoivent tous les jours les échos. M. le sénateur Corbon disait, dans sa déposition devant la Commission d'enquête, que l'antagonisme entre les patrons et les ouvriers avait pris naissance le lendemain de la suppression des maîtrises et des jurandes. Peut-être ; mais il faut convenir que, pendant longtemps, il a été d'un caractère assez bénin ; et nous croirions volontiers, comme nous le

dit M. Tolain, qu'il s'est développé parallélement à la grande industrie, qui a rompu les rapports intimes qui s'établissaient autrefois entre le patron et ses trois ou quatre collaborateurs. « Dans la petite in-
» dustrie, il subsistait quelques souvenirs des an-
» ciennes coutumes. Ouvriers et patrons ne s'étaient
» pas tout à fait détachés les uns des autres. Ils tra-
» vaillaient au même établi, et la communauté des
» travaux entretenait une certaine communauté de
» sentiments. Ils partageaient parfois les mêmes
» plaisirs. Quand arrivait l'automne, une petite
» fête inaugurait la reprise des veillées : on la
» nommait le *pâté de veille.* D'autres occasions,
» telles que la fête du patron, réunissaient à la même
» table les ouvriers et le maître[1]... » Ces mœurs-là ont disparu et un antagonisme de plus en plus aigu a remplacé ces relations amicales. A cet égard, les témoignages de tous ceux qui suivent de près le mouvement ouvrier concordent absolument. Lisez dans l'enquête sur la crise industrielle les dépositions de M. Corbon, de M. Tolain, de M. Alphand : vous y trouverez sur ce point une una-nimité convaincante. Les conséquences de cet an-

---

[1] M. Levasseur, *Histoire des classes ouvrières en France depuis 1789 jusqu'à nos jours,* I, p. 476.

tagonisme, qui s'accentue particulièrement chez nous, sautent aux yeux : il engendre l'instabilité de l'atelier, la diminution de la production, les querelles industrielles et les grèves.

Le dévouement ayant généralement disparu et chez les patrons et chez les ouvriers, la permanence ancienne des engagements a fait place à une déplorable instabilité, que chacun peut constater : l'ouvrier change aujourd'hui d'atelier pour le moindre motif et à tout moment. Certes, on trouve encore quelques-uns de ces ouvriers dont parlait M. Dietz-Monnin dans l'enquête, « qui ont trente-cinq ans de services et qui se feraient couper en quatre pour soutenir les intérêts de la maison »; mais il n'est que trop certain que c'est aujourd'hui l'exception. Si vous pénétrez dans l'intérieur de ces rares ateliers, généralement d'ancienne date, vous y constaterez sûrement certains traits caractéristiques qui ne se retrouvent plus ailleurs : le contre-maître y est considéré comme faisant partie de la famille, le patron a pour lui les plus grands égards ; il ne manque pas une occasion de lui témoigner son estime, surtout devant les ouvriers; il demande et il reçoit ses conseils; de fait, le contre-maître est un vieux serviteur, plein d'expérience et dépositaire des traditions de l'atelier.

Quant aux ouvriers, ils sont traités avec un dévouement tout paternel; le patron ne se montre indifférent à aucun des événements qui les touchent; il est plein de sollicitude pour leurs femmes et leurs enfants; il est souvent assis à leur foyer. Malheureusement, ce type-là est bien rare aujourd'hui! L'instabilité moderne n'est pas moins funeste aux ouvriers, qu'elle expose à des chômages perpétuels, qu'aux patrons, dont elle désorganise à tout moment les ateliers et qui ne peuvent plus compter sur la régularité de la production; elle rend le sort des ouvriers essentiellement précaire et elle diminue la productivité du travail.

Cette diminution de la production résulte d'ailleurs directement du déplorable antagonisme que chacun peut constater. Par cela seul qu'il ne prend pas d'intérêt à la maison, l'ouvrier travaille moins et produit moins. Comme le vendeur d'une marchandise qui ne demande qu'à raccourcir la mesure, le vendeur de travail craint toujours d'en donner trop au patron pour son argent. Toute l'enquête sur la crise industrielle est la preuve qu'une grande partie des ouvriers en fait le moins possible. Nous avons entendu plusieurs patrons, jadis des ouvriers, affirmer que l'ouvrier travaillait moins aujourd'hui qu'autrefois; nous avons vu

que beaucoup le font par calcul et de propos dé-
libéré; nous savons que la plupart des ouvriers
sont opposés au travail aux pièces, parce qu'il
produit davantage, quoique le travail aux pièces
soit évidemment, dans tous les genres de production où il est possible, le meilleur et le plus juste :
le meilleur parce qu'il donne une somme de production supérieure; le plus juste parce qu'il pro-
portionne exactement la rémunération à l'effort et
à la valeur de l'ouvrier[1]. Bref, nous avons un
ensemble de témoignages, auxquels on peut joindre ceux de MM. Corbon, Tolain et Alphand, qui
ne laissent aucun doute sur ce point. M. Alphand
surtout a dit un mot très catégorique, en parlant,
devant la Commission d'enquête, de la participation aux bénéfices : « Le jour où l'ouvrier com-

---

[1] Une statistique officielle dressée en 1869, dans le grand-
duché de Bade, évaluait de la manière suivante la moyenne
des salaires dans le travail aux pièces et à la journée :

Travail aux pièces.

	Maximum.	Minimum.	Moyenne.
Hommes....	6 fr. 25	1 fr. »	2 fr. 50
Femmes....	2 fr. 25	0 fr. 70	1 fr. 55

Travail à la journée.

	Maximum.	Minimum.	Moyenne.
Hommes....	3 fr. 75	0 fr. 90	2 fr. 25
Femmes....	2 fr. 50	0 fr. 50	1 fr. 15

» prendrait que celui qui est associé aux bénéfices
» a intérêt à travailler, — *ce qu'il ne fait pas*
» *aujourd'hui,* — un premier et important résultat
» serait atteint. »

Enfin, c'est encore l'antagonisme des ouvriers
et des patrons qui produit ou qui envenime toutes
ces querelles industrielles, toutes ces grèves, qui
se sont multipliées en ces derniers temps, et que
nous croyons être, nous en avons donné les raisons, bien plus nuisibles qu'utiles aux classes
laborieuses. L'expérience prouve que ces querelles ne se sont pas produites dans les rares
ateliers où règne encore le dévouement réciproque.

CHAPITRE VI.

La démoralisation.

La cause la plus générale et la plus profonde du mal dont souffre l'atelier industriel, celle qui engendre en partie toutes les autres, c'est la démoralisation qui, partie d'en haut, a pénétré peu à peu, sous l'influence d'un scepticisme de plus en plus envahissant, les couches profondes de notre société. Certes, il est plus agréable de chanter les louanges de notre siècle, d'énumérer ses conquêtes sur la nature, de vanter ses découvertes scientifiques et ses progrès industriels. Mais il faut avoir le courage de le dire : la moralité publique n'a pas marché d'un pas égal à la science. Ce n'est pas que la corruption n'ait été à d'autres époques de notre histoire aussi grande et peut-être plus grande qu'aujourd'hui ; mais elle était moins générale; elle n'exerçait ses ravages que dans les classes riches; la foi religieuse maintenait toujours la grande masse de la population dans une certaine observance assez étroite de la loi morale, et elle rendait par là un service social inappréciable. Il faut dire aussi que la discipline sévère des ateliers tendait à maintenir le niveau de la moralité sous l'ancien régime. « Pendant le » travail, aucun blasphême, aucun propos obscène, » aucune raillerie, aucune menace ne devaient se » faire entendre, sous peine d'amende de trois ou » six livres; il était même défendu de raconter » des histoires qui auraient distrait les travail- » leurs. Celui qui frappait son voisin était puni » de la peine du talion ou conduit immédiatement » devant le juge..... Toute débauche était sévè- » rement proscrite..... L'ouvrier s'engageait, non » seulement à avoir une bonne conduite dans l'in- » térieur de la maison, mais encore au dehors; » les jours de fête, à assister à la messe, à ne » chercher que des divertissements honnêtes et à » rentrer avant dix heures dans son logis[1] ».

Aujourd'hui, aucun de ces freins n'existe plus.

---

[1] M. Levasseur, *Histoire des classes ouvrières en France jusqu'à la Révolution*, II, p. 316, 317.

Certes, nous ne pouvons regretter les règlements des corporations qui faisaient de l'atelier une sorte de caserne; mais nous n'apercevons pas bien la force qui remplacera, pour contenir le mal, le frein religieux. Or, ce frein, le scepticisme l'a brisé : aussi la corruption a-t-elle envahi les classes mêmes qui avaient réussi jusque-là à s'en préserver. Cette corruption se manifeste dans l'atelier industriel par une foule de traits que nous avons notés : l'affaiblissement du sentiment du devoir, qui fait, d'une part, que l'ouvrier travaille le moins possible, et, d'autre part, que le patron se désintéresse trop souvent de son sort; l'oubli du dévouement; enfin, la surexcitation chez les ouvriers des besoins de luxe et d'un luxe affectant de plus en plus une forme contraire à la morale; particulièrement, l'intempérance.

Les classes laborieuses souffrent aujourd'hui d'une crise industrielle et commerciale, cela est incontestable. Mais c'est là un mal transitoire, et quand même ce mal n'existerait pas, notre situation sociale n'en serait pas moins inquiétante : la perversion des idées et des mœurs dénote une crise morale, bien autrement redoutable, à notre avis, que la crise économique.

Ce n'est pas aux classes laborieuses que cette

corruption peut être le plus justement reprochée. Les classes dirigeantes, qui ont donné l'exemple, au lieu d'exercer l'influence moralisatrice qui était dans leur fonction naturelle, et les gouvernements ont une large part de la responsabilité. Nous n'oserions peut-être pas écrire certaines pages échappées à la plume de l'éminent auteur de *La question ouvrière au xixe siècle*[1], sur la corruption des classes dirigeantes et les funestes effets qu'elle a dû produire sur les classes ouvrières, n'ayant pas la même autorité que lui : nous nous contentons de les penser.

[1] M. Paul Leroy-Beaulieu, *La question ouvrière au xixe siècle*, p. 301, 302, 303, 337.

CHAPITRE VII.

Conclusion. — Les remèdes.

Concluons; ou plutôt résumons les conclusions qui se dégagent d'elles-mêmes des chapitres précédents [1].

La condition des salariés peut s'améliorer de deux manières : par la diminution de leurs dépenses, ou par l'épargne et la prévoyance; par l'augmentation de leurs recettes, ou par l'élévation des salaires. Le taux des salaires dépend, avant tout, de la productivité du travail. Les causes principales qui diminuent la productivité du travail sont : l'ignorance économique des ouvriers, qui leur fait

[1] L'Académie des sciences morales et politiques nous a reproché, par la voix de son rapporteur, de manquer de conclusions nettes et précises. Nous avons ajouté ce chapitre pour y réunir et y préciser les conclusions qui ressortent des chapitres précédents.

considérer le travail comme une quantité déterminée qu'ils économisent plus volontiers que toute autre provision, qui les fait entrer en lutte avec l'entrepreneur sans souci des circonstances et des nécessités économiques, qui leur fait constamment porter les regards vers l'Etat au lieu de compter sur leurs propres efforts; — l'abaissement de la capacité professionnelle et la disparition de l'apprentissage, qui fait grandement péricliter notre suprématie industrielle; — l'antagonisme des ouvriers et des patrons, qui fait que les premiers se désintéressent du succès de l'entreprise et travaillent le moins possible; — enfin la démoralisation, qui tend à faire complètement disparaître le dévouement et le sentiment du devoir.

Quels sont les remèdes? Quelle est la part qui revient à l'État, et quelle est celle de l'initiative privée?

Le rôle de l'État en cette matière est, en somme, assez restreint. Dans notre système d'instruction publique, l'État peut certainement et doit autant que possible contribuer à la diffusion des vérités économiques; c'est surtout à l'école primaire qu'il faudrait faire pénétrer l'enseignement économique, et c'est là qu'il fait presque complètement défaut, ou qu'il est donné par des personnes incompétentes, auquel cas il vaudrait peut-être mieux qu'il ne fût pas donné du tout. L'État peut aussi créer des écoles professionnelles : encore est-il contestable qu'il soit là dans son rôle; mais ce qui est certain, c'est que l'école professionnelle ne saurait tenir lieu de l'apprentissage. Comme le disait avec beaucoup de raison le vice-président de la chambre de commerce de Paris, M. Poirier : « L'apprentissage » doit se faire à l'atelier; à l'école professionnelle, » on apprend le maniement de l'outil; c'est pour- » quoi l'enfant ne devra rester que fort peu de » temps à l'école professionnelle, et passer ensuite » à l'atelier ».

Mais si l'État a peu de chose à faire directement, il peut indirectement, et par voie répressive, opposer une digue à la désorganisation que nous avons signalée; il le peut du moins dans des cas déterminés. C'est ainsi que l'Etat, auquel tout le monde reconnaît qualité pour protéger les incapables, pourrait intervenir plus efficacement pour protéger l'enfant contre une exploitation d'autant plus lamentable qu'elle émane des parents; la chose sans doute est délicate; mais elle n'est pas impossible : l'obligation de faire apprendre un métier à l'enfant pourrait être imposée au même titre que l'instruction primaire.

L'Etat peut encore et doit s'opposer résolûment à tout empiétement de la part des associations sur la liberté individuelle, et nous savons que des empiétements de ce genre menacent gravement l'apprentissage. Il n'est que trop vrai que quelques syndicats ouvriers sont entrés dans cette voie, imitant en cela certaines des *unions* de l'Angleterre. M. le sénateur Corbon le reconnaissait dans l'enquête : « Oui, il y a certains syndicats ouvriers » qui ne veulent pas qu'on fasse d'apprentis, et » beaucoup d'autres qui voudraient limiter le » nombre des apprentis à admettre dans les ate- » liers ». Et par exemple, le syndicat patronal des carrossiers disait, dans l'enquête : « Nous n'avons » pas d'apprentis dans nos ateliers; nos ouvriers » n'en veulent pas ». De pareilles prétentions nous ramènent 500 ans en arrière! Dès le xiiie siècle aussi, les corporations avaient limité le nombre des apprentis, et, à part quelques professions privilégiées, le nombre des apprentis était déterminé et très restreint. Il ne faudrait pas que les syndicats professionnels tentassent de reconstituer les corporations! La loi doit prévenir de semblables abus, de semblables atteintes à la liberté individuelle. Nous sommes résolûment partisan du développe- de l'association, mais à la condition qu'elle ne devienne pas oppressive : plus l'instrument est puissant, plus la loi doit énergiquement garantir la liberté. Nous croyons encore que l'Etat a qualité pour combattre une de nos plaies sociales les plus graves aujourd'hui, nous voulons parler des progrès de l'alcoolisme. Il interviendra au nom de la sécurité publique qui est ici directement intéressée; et nous n'avons qu'à nous reporter à cet égard aux observations que nous avons présentées sous le chapitre III de la première partie.

Ce que l'on est surtout en droit de demander à l'Etat, c'est de ne pas contribuer lui-même à la désorganisation de l'atelier industriel par des interventions intempestives dans les conflits entre les patrons et les ouvriers. Quand ceux-ci voient l'Etat se mêler de la partie, ils sont naturellement d'autant plus portés à compter sur lui et à s'entêter dans les prétentions souvent les plus mal fondées. Des exemples tout récents, qui sont dans la mémoire de tous, pourraient être cités. Par contre, l'Etat manque à son devoir et à sa mission quand il néglige d'intervenir énergiquement pour protéger la liberté du travail toutes les fois qu'elle est menacée, comme il arrive trop souvent dans les grèves; à plus forte raison, lorsqu'il s'agit de la sécurité des personnes.

Enfin, si l'éducation et la moralisation sont la tâche de la famille et de l'initiative privée, et point de l'Etat, au moins l'Etat doit-il bien se garder de briser lui-même ou de relâcher les freins qui s'opposent à la démoralisation publique. Nous ne pouvons, à ce point de vue, nous empêcher de regretter profondément la guerre qui a été faite en ces derniers temps à l'idée religieuse, au nom de la politique. C'est au point de vue politique aussi que nous nous plaçons exclusivement en ce moment, mais d'une politique plus haute que les misérables querelles des partis; et nous croyons qu'il est souverainement impolitique de travailler à briser le frein qui est encore le plus solide, et le seul capable de contenir les masses dans le devoir et dans l'observation de la loi morale. Compter sur la morale indépendante et la crainte du gendarme, c'est peu connaître la nature humaine et exposer la société dans l'avenir aux plus grands périls.

Voilà, pour nous, à quoi se réduit le rôle de l'Etat. C'est surtout à l'initiative privée qu'il appartient de résoudre ce que l'on appelle la question sociale. L'œuvre est grande et difficile, mais elle est aussi d'une urgence extrême. Nous croyons fermement que si les classes dirigeantes continuent à se désintéresser du sort des classes laborieuses , à laisser monter le flot socialiste en se contentant de hausser les épaules ou d'appeler la force publique , à laisser enfin se développer l'antagonisme croissant du travail et du capital, notre société court aux abîmes!

La plaie la plus vive, et celle qui nous paraît en même temps comporter les remèdes les plus prompts, c'est l'antagonisme du capital et du travail. C'est surtout aux patrons qu'il appartient de faire un vigoureux effort pour arrêter le mal. Il faut que le patron comprenne l'intérêt majeur qu'i! y a pour lui à conquérir l'estime, l'affection et le dévouement de ses ouvriers; il faut qu'il sache que le dévouement ne se conquiert que par le dévouement et que c'est à lui à commencer; il faut qu'il cesse de voir dans ses ouvriers des machines dont on s'efforce de tirer le plus grand effet possible, mais qu'il y voie des êtres sensibles, des collaborateurs et des frères. « Les industriels » ont charge d'âmes, a dit dans un beau langage » M. Levasseur [1]; c'est parmi eux qu'on devrait » trouver la sollicitude la plus empressée à l'égard » des classes ouvrières... Il faut que les patrons

[1] *Histoire des classes ouvrières en France depuis 1789 jusqu'à nos jours*, II, p. 404.

» aient l'art de faire accepter le patronage, et, pour
» cela, il importe d'abord de les pénétrer eux-
» mêmes de l'idée qu'il leur est utile autant qu'ho-
» norable de l'exercer ». — On doit, en effet beaucoup attendre, à cet égard, du développement des
institutions de patronage, qui existent déjà dans
certains ateliers et ont produit d'excellents fruits.
Nous n'avons pas à entrer dans le détail de ce qui
a été fait ; nous ne pouvons cependant nous empêcher de citer le bel exemple donné par la société
industrielle de Mulhouse. Il est bien à désirer que de
pareilles institutions se généralisent. Nous ne saurions admettre, avec M. Tolain, qu'elles empêchent
l'ouvrier d'acquérir l'esprit de prévoyance, et
nous croyons tout à fait qu'elles le développent,
au contraire, en même temps qu'elles rehaussent la
moralité de l'ouvrier. — Elles diminuent sa liberté,
dit-on. — Non ; elles le portent seulement à n'en
pas abuser et à ne pas quitter l'atelier à tout
moment et sous tout prétexte ; c'est un grand bien-
fait, et pour l'atelier, et pour l'ouvrier.

Ce qu'il faut, c'est bien faire comprendre aux
ouvriers et aux patrons la solidarité de leurs intérêts. Nous ne saurions trop recommander dans ce
but la généralisation du système de la participation
aux bénéfices.

Nous avons dit pourtant que la participation aux bénéfices a été accueillie avec défaveur par beaucoup de ceux qui prétendent diriger la classe ouvrière ; et avec une froideur marquée par la plupart des économistes.

Nous trouvons dans l'enquête sur la crise industrielle plusieurs dépositions au nom de syndicats ouvriers qui rejettent la participation. Voici, par exemple, le syndicat des ouvriers peintres en bâtiment ; on sait que c'est dans cette industrie que la participation aux bénéfices a pris naissance : « La » participation aux bénéfices, quand même elle » serait susceptible de prendre une grande exten- » sion, ne pourrait pas améliorer la situation. *Les » hommes qui font partie de la maison Leclaire » constituent maintenant une aristocratie dans le » métier ;* ils ne s'occupent pas des questions géné- » rales ; ils s'isolent le plus possible. Si le système » se généralisait, on ne songerait pas à faire aug- » menter son salaire (lisez : à se mettre en grève) ; » on compterait sur la compensation de 3 ou 400 fr. » de bénéfice à toucher à la fin de l'année, et l'on » attendrait. » — En vérité, peut-on faire un plus bel éloge de la participation aux bénéfices ? — Écoutons encore le syndicat des ouvriers plombiers, zingueurs, gaziers : « Nous considérons la partici-

» pation aux bénéfices comme une mauvaise chose.
» Quand nous serons dans cette situation-là, nous
» aurons toujours une tendance à devenir patrons.
» Alors, nous nous ferions concurrence, et il n'y
» aurait aucune solidarité entre nous ». — Le
syndicat des peintres sur porcelaine nous dit plus
crûment : « Nous ne sommes pas partisans de la
» participation aux bénéfices. *Si l'ouvrier a une*
» *part aux bénéfices, il produira plus* ». — Eh!
oui ; il produira plus, et c'est pour cela qu'il ga-
gnera davantage !

Ce ne sont sans doute pas là les raisons qui
peuvent expliquer la froideur de certains économistes à l'égard de la participation ; aussi avoue-
rons-nous qu'il nous est difficile de la comprendre.
Si l'on se fût borné à démontrer que la participation n'est pas l'association, et à mettre les différences en lumière, on eût fait œuvre scientifique et
utile ; mais on a affiché pour la participation un
dédain visible, on n'a voulu lui accorder aucune
portée sérieuse, on a souri de ses prétentions.

Nous croyons qu'on a eu tort, et que la participation aux bénéfices est un des moyens les plus
efficaces qui puissent être employés aujourd'hui
contre l'antagonisme du travail et du capital. Elle
fait appel à l'intérêt personnel ; mais n'est-ce pas

le ressort le plus sûr de l'activité humaine ? Intéressé dans l'entreprise, l'ouvrier donnera naturellement à son travail la plus grande productivité possible ; il verra que son salaire dépend des bénéfices réalisés, et il sera constamment porté à les accroître, sans être enclin à la révolte quand leur diminution amènera une réduction de salaire dont il comprendra la nécessité ; enfin, il s'attachera à l'atelier et perdra ces habitudes de vie nomade si répandues aujourd'hui dans l'industrie. Voilà ce que dit la raison, et voilà ce que nous allons voir confirmé par des faits multiples. Nous trouvons, à cet égard, des documents très importants dans les procès-verbaux de la Commission d'enquête des associations ouvrières, et dans le rapport fait à cette commission par M. Barberet, chef du bureau des sociétés professionnelles au ministère de l'Intérieur[1].

Tout le monde sait que l'honneur d'avoir inauguré le système de la participation aux bénéfices revient à M. Leclaire, peintre en bâtiments, qui proposa à ses 300 ouvriers, en 1842, de les admettre au partage des bénéfices de la maison après déduction de l'intérêt de ses capitaux et d'une

---

[1] *Journal officiel* des 23, 25, 27, 28, 30 avril, 1er, 2, 3, 9, 10, 15, 16, 18, 19, 21, 28 mai, 3, 6, 11 et 13 juin 1885.

somme déterminée pour son travail de direction. Ce que l'on sait moins, c'est que ce bienfaisant système faillit être étouffé en naissant par un caprice de l'administration. Le préfet de police d'alors trouva bon d'interdire à M. Leclaire de s'entendre avec ses ouvriers pour le partage des bénéfices. « C'est là, dit le rapport, une question » de règlement de salaire d'ouvriers qui ne nous » paraît pas devoir être encouragée et qui est même » défendue par les lois ; l'ouvrier doit rester entiè- » rement libre de fixer et régler son salaire, et il » ne doit pas pactiser avec le maître, et c'est à quoi » le sieur Leclaire vise aujourd'hui. ». L'adminis- tration est parfois bien drôle quand elle s'ingère dans les choses qui ne la regardent pas et qu'elle connaît mal !

M. Leclaire obtint un succès remarquable. Au- cun de ses ouvriers ayant travaillé 300 jours n'avait reçu moins de 1,800 fr.; quelques-uns avaient reçu beaucoup plus. Et le patron procla- mait que l'activité de ses ouvriers avait fait plus que l'indemniser des profits qu'il leur avait aban- donnés. Avec cela, le niveau moral des ouvriers s'était élevé : « Plus de respect pour les autres et » pour eux-mêmes », voilà comment M. Leclaire formulait le résultat moral obtenu. Son œuvre a porté des fruits merveilleux, et aujourd'hui l'actif social de la société de prévoyance dotée par la participation s'élève à 1,690,000. Il n'est pas étonnant que le syndicat des peintres en bâtiment nous dise que « *les hommes qui font partie de la maison Leclaire constituent maintenant une aristocratie dans le métier.* » C'est la meilleure preuve de l'excellence du système !

D'après les tableaux envoyés à l'exposition d'Anvers par la société de participation de Paris, on comptait, en France [1], 49 établissements pratiquant le système de la participation aux bénéfices. Il nous paraît intéressant, pour répondre à ceux qui ont avancé que la participation ne convenait qu'à quelques industries et ne pouvait se généraliser, d'indiquer la nature des établissements où ce système est adopté. Nous trouvons : 8 compagnies d'assurances (la Compagnie d'Assurances générales, l'Union, la Nationale, la France, l'Aigle, le Soleil, l'Urbaine et l'Abeille) ; — 8 maisons d'imprime-

---

[1] Ces mêmes tableaux nous révèlent l'existence d'une douzaine d'établissements pratiquant le même système en Allemagne ; 3 en Alsace ; 8 en Angleterre ; 2 en Autriche ; 2 en Hollande ; 1 en Belgique ; 1 en Danemark ; 1 en Suède ; 1 en Norwège ; 1 en Russie ; 1 en Italie, et 12 dans la petite Suisse.

rie, sans compter l'imprimerie nationale (les maisons Paul Dupont, Chaix, Gasté, Godchaux et Cie, Masson, Buttner-Thierry, à Paris; la maison Mame, à Tours, et la maison Gounouilhon, à Bordeaux); — 2 maisons de peinture (les maisons Leclaire et Lenoir); — 2 papeteries (Laroche-Joubert et Abadie); — 2 usines métallurgiques (celle de Mazières, à M. le marquis de Vogüé et celle de Fives-Lille); — 2 maisons de vins (la maison Hanappier, marchand de vins à Bordeaux, et le domaine de Château-Montrose); — 2 grandes entreprises de transport (la compagnie des chemins de fer d'Orléans et la compagnie du canal de Suez); — la compagnie du touage de la Haute-Seine; — une entreprise de couvertures, plomberie, zinc et gaz (la maison Goffinon et Barbas); — une fonderie de fer (la maison Piat); — une fonderie de caractères (la maison Deberny); — la maison Caillard frères, constructeurs-mécaniciens; — une fabrique de machines à vapeur (la maison Muller, Roux et Cie); — la maison Bourdoux et Cie, société industrielle de la Corrèze; — une maison de serrurerie (M. Moutier, à Saint-Germain); — une fabrique d'instruments de précision (maison Gaiffe); — une fabrique de pianos (M. Bord); — une tannerie (Dorgé et fils, à Coulommiers); — une fabrique de produits chimiques (M. Kestner); — deux entreprises de maçonnerie (la maison Caillette et la maison Mozet et Delalonde); — une fabrique de meubles (M. Jourdinois); — un grand magasin de meubles (le Bon-Marché); — une filature, à Oissel; — une fabrique d'indiennes (M. Besselièvre); — une fabrique de chocolat (M. Lombart); — enfin, et sans parler du familistère de Guise, un agent de change (M. Rolland Gosselin), et deux maisons de banque (la maison Vernes et Cie et la Société des Dépôts et Comptes-courants).

Voilà bien des industries diverses, voilà bien des formes de l'activité humaine, et voilà la meilleure réponse à faire à ceux qui voulaient que la participation aux bénéfices ne pût convenir qu'à quelques industries [1].

Il faut voir maintenant les résultats. Tous les

---

[1] M. Fawcett, dans son livre *Travail et Salaires* nous dit qu'un essai de ce genre a été tenté avec un véritable succès par feu lord Manners, sur une ferme qu'il cultivait près de Newmarket. Le plan adopté ressemblait, dans ses parties essentielles, à celui de M. Leclaire. Les ouvriers recevaient les salaires courants dans le district; mais, si des bénéfices supplémentaires étaient obtenus, une partie de ces bénéfices devaient leur être distribués à titre de bonification. Lord Manners mourut avant que l'essai eût fonctionné longtemps; mais il en attendait les meilleurs résultats.

chefs de maison ou d'entreprise entendus par la Commission d'enquête extra-parlementaire des associations ouvrières ont reconnu les bienfaisants effets du système. Tous ont déclaré, *sans exception,* et malgré la diversité de leurs exploitations, que non-seulement la participation est avantageuse à l'ouvrier à tous les points de vue, en ce sens qu'elle lui permet de gagner plus, qu'elle lui donne conscience de ses devoirs et qu'elle aplanit les différends entre les employeurs et les employés, mais aussi que, par elle, les employeurs, loin de faire des sacrifices, trouvent un intérêt très appréciable dans le surcroît de travail produit par les participants. La chose est de telle importance qu'on nous permettra de citer quelques-unes des dépositions les plus frappantes.

« Revenant à la méthode expérimentale, dit
» M. Charles Robert, président de la Société de
» participation, me fondant sur les faits constatés,
» je crois pouvoir dire que jusqu'à présent les
» maisons qui pratiquent la participation n'ont
» jamais eu à souffrir d'une grève par laquelle
» les ouvriers auraient voulu obtenir une parti-
» cipation plus forte... La participation, et c'est
» un de ses plus grands avantages, produit des
» rapports de cordialité, de confiance, de soli-

» darité bien comprise entre le patron et l'ouvrier;
» les deux intérêts opposés se concilient et les
» chances de grève sont beaucoup moins grandes.
» La paix sociale est à peu près assurée dans ces
» maisons-là ». — Ecoutons M. Laroche-Joubert,
qui pratique la participation aux bénéfices depuis
1843 : « Les bénéfices se sont accrus dans de
» fortes proportions dans les temps prospères, ou
» bien se sont maintenus depuis la crise si grave
» que traverse notre industrie, tandis que tant
» de nos confrères perdent de l'argent, et que
» quelques-uns, trop nombreux, hélas! sont
» obligés de s'arrêter ou de liquider. Ce résultat
» provient de ce que, grâce au stimulant de la
» coopération, *jamais nous n'avons eu de mou-*
» *vement de grève parmi notre personnel, jamais*
» *de dissentiment d'intérêt entre nous;* de ce que,
» grâce à la participation, *la production de nos*
» *usines a augmenté, la perfection de nos pro-*
» *duits est plus grande, nos prix de revient ont*
» *diminué, nos déchets sont moins considérables,*
» *enfin notre personnel est bien plus fixe* ». —
Le représentant de la maison Deberny (fondeur
en caractères), nous tient le même langage et
l'appuie de faits précis : « La participation établit
» entre les ouvriers et les patrons une telle soli-

» darité, que la question des salaires, chez nous,
» se résout toujours de la façon la plus simple...
» Il y a eu l'année dernière des grèves désas-
» treuses pour les ouvriers; mais, chez nous, il
» ne s'en est pas produit; *lorsque le mouvement*
» *gréviste a eu lieu, nos ouvriers se sont empressés*
» *de nous en prévenir, en protestant que cela ne*
» *pouvait pas les toucher.* C'est un avantage con-
» sidérable que de pouvoir dormir tranquille,
» sachant qu'on a des ouvriers sur lesquels on
» peut compter. *Les travaux ne peuvent pas être*
» *mal faits chez nous :* ils sont épluchés par les
» ouvriers qui ont mission de les vérifier. » —
« Nous n'avons qu'à nous louer, dit M. Ferdinand
» de Lesseps, du système de participation que
» nous avons adopté. *Nos employés forment une*
» *famille.* Ainsi, tous les jours, le télégraphe
» indique le chiffre des recettes de la veille; eh
» bien! tout le monde bat des mains quand la
» recette a été élevée. *Sous tous les rapports, la*
» *participation nous a été utile,* et jamais je n'ai
» trouvé la moindre résistance de la part de mon
» personnel. » — « La participation, dit M. Bar-
» bas (de la maison Goffinon et Barbas, entreprise
» de couverture et plomberie), a un mérite que
» nous plaçons au premier rang : *c'est celui d'avoir*

» *un personnel stable;* ce ne sont pas des rou-
» leurs d'atelier qui deviennent participants, et,
» lorsque ces mêmes ouvriers ont un carnet cons-
» tatant une épargne de 3,000 francs, qui va en
» grossissant chaque année par la part annuelle
» du bénéfice qui vient s'ajouter à celle des inté-
» rêts à 5 %; qu'indépendamment de ces avan-
» tages, ils sont à peu près assurés d'avoir du
» travail toute l'année; que, dans la même maison,
» ils trouvent une société de secours mutuels toute
» organisée, une école professionnelle pour leurs
» enfants, enfin une assurance contre les acci-
» dents, dont la prime est entièrement payée par
» la maison, *ces ouvriers-là sont forcément rangés*
» *et sérieux.* » — Le témoignage du représentant de
la maison Leclaire, qui a établi la première participation et la pratique depuis 1842, ne saurait
être passé sous silence : « Vous nous demandez
» quels résultats nous avons obtenus; ils sont de
» deux sortes : matériels et moraux. Les ouvriers,
» ayant plus de bien-être chez eux, se tiennent
» beaucoup plus dans leur intérieur; on y fait des
» économies; il y en a qui sont devenus petits
» propriétaires. D'un autre côté, *l'ouvrier se tient*
» *mieux, ne fait jamais le lundi;* il sait qu'il
» remplit une mission, et qu'il doit, par sa tenue,

» sa politesse envers les clients, représenter une
» maison à la prospérité de laquelle il a tout in-
» térêt... *L'ouvrier, chez nous, emploie bien son*
» *temps, parce qu'il sait qu'en fin d'année, plus*
» *il aura donné de bons résultats, plus il aura*
» *gagné.* »

Dans tous les genres d'industrie, les mêmes résultats ont été obtenus : « Quant à la Compagnie
» d'Assurances générales, nous dit M. de Courcy,
» son administrateur, *les résultats ont été magni-*
» *fiques, d'abord pour nos employés, et excellents*
» *aussi pour la Compagnie elle-même, à tel point*
» *que je suis convaincu qu'elle a fait là un bon*
» *marché.* » Certainement l'inspiration première
» a pris sa source dans un sentiment généreux;
» mais, aujourd'hui, il n'y a plus de mérite pour
» la Compagnie à appliquer ce système, *parce*
» *qu'elle en retire réellement des avantages. Les*
» *employés sont plus fidèles, plus zélés, plus*
» *attachés à la Compagnie; ils travaillent mieux*
» et ne se plaignent pas d'être trop peu nom-
» breux... *Nous en recueillons un bon travail et*
» *de la fidélité.* » — « Nous sommes, dit M. Chaix,
» une trentaine de patrons en France qui prati-
» quons la participation. *Si notre exemple était*
» *suivi, un grand pas serait fait dans la voie de*

» *l'union des patrons et des ouvriers, du capital*
» *et du travail.* »

Dans toutes les bouches, nous trouvons le
même témoignage. « Les résultats obtenus dans
» notre maison, dit le représentant de la maison
» Deberny (fonderie de caractères), sont, avant
» tout, *une entente complète entre la direction*
» *et les ouvriers, et une confiance réciproque aux-*
» *quelles nous attachons le plus grand prix. La*
» *participation a attiré et retient chez nous les*
» *meilleurs ouvriers de la partie.* Les ouvriers,
» sentant leur intérêt lié directement à celui de la
» maison, *sont plus soigneux dans leurs travaux.*
» *Dans une industrie où les façons sont très mi-*
» *nutieuses, les malfaçons sont à peu près in-*
» *connues chez nous. Ces avantages* — il serait
» bien difficile de les évaluer en chiffres — *ont,*
» *à nos yeux, une valeur bien plus considérable*
» *que le tant pour cent sur les bénéfices dont nous*
» *les achetons.* »

Que nous entendions le directeur de la Compagnie des chemins de fer d'Orléans, ou le directeur de l'Imprimerie nationale, le langage est
toujours le même : les ouvriers et l'entreprise
profitent également du système. Toute l'enquête,
sur ce point capital, serait à transcrire. Termi-

nons par l'appréciation d'un homme qui voit de près les travailleurs et peut juger sans parti pris, M. Alphand, directeur des travaux de la ville de Paris : « *Il ne faut pas se dissimuler que c'est » peut-être dans le régime de la participation » aux bénéfices qu'on peut trouver la solution » des grandes difficultés actuelles.* Le jour où » l'ouvrier comprendrait que celui qui est associé » aux bénéfices a intérêt à travailler — *ce qu'il » ne fait pas aujourd'hui* — un premier et important résultat serait atteint. Le second résultat, c'est que cette participation n'atteint » pas le salaire de l'ouvrier; *c'est une sorte d'é-* » *pargne organisée pour lui, et c'est par l'é-* » *pargne qu'il peut être moralisé et qu'il pourra* » *assurer son existence pour ses vieux jours.* »

Voilà bien des citations! C'est qu'elles valent mieux, à notre avis, que toutes les dissertations théoriques qu'on peut faire dans son cabinet sur la portée et les effets de la participation; c'est qu'elles répondent victorieusement aux objections qui ont été faites au système de la participation. On nous a reproché d'avoir des illusions à son égard. Mais, comment n'être pas frappé quand on entend les chefs ou directeurs des maisons qui ont pratiqué la participation, venir tous dire, sans exception, sans une note discordante : Le système est excellent, et pour nos ouvriers, et pour nous-mêmes ; les résultats que nous avons obtenus ont dépassé toutes nos espérances, toutes nos prévisions ; nous avons fait des ouvriers meilleurs, plus moraux, plus laborieux, plus soigneux ; nous en avons fait des amis, et jamais l'antagonisme et la grève n'a éclaté chez nous ; et la part de bénéfices que nous avons abandonnée pour acheter ces résultats inappréciables, nous l'avons retrouvée, et bien au-delà, dans le surcroît de production donné par nos ouvriers intéressés. Pourquoi donc ne nous rendrions-nous pas à ce témoignage unanime? Et pourquoi ne pourrions-nous pas dire, sans utopie, avec M. Chaix, qui a fait personnellement l'expérience du système, que, si la participation aux bénéfices se généralisait, « *un grand pas serait fait* » *dans la voie de l'union des patrons et des ou-* » *vriers, du capital et du travail* »; ou avec M. Alphand, mieux placé que tout autre pour apprécier le système, « *que c'est peut-être dans le* » *régime de la participation aux bénéfices qu'on* » *peut trouver la solution des grandes difficultés* » *actuelles.* »

Il nous faut particulièrement mettre en lumière

l'influence de la participation sur les salaires. Nous prendrons, à cet effet, quelques exemples qui nous sont fournis par les tableaux envoyés à l'exposition d'Anvers par la Société de participation. La maison Leclaire abandonne aux ouvriers 75 % de bénéfices, dont 2/3 comptant et 1/3 pour la retraite : le produit total, depuis 1842, monte à 4,080,000 fr., et le nombre des ouvriers est assez restreint. La Compagnie des chemins de fer d'Orléans donne 15 %, après déduction des 20 premiers millions de bénéfices : le produit total depuis l'origine (1844) monte à 69,567,000 francs. La Compagnie des Assurances générales donne 5 %, par capitalisation sur livrets individuels; le produit, depuis 1850, monte à 7,015,000 francs. M. Lenoir, peintre en bâtiment, qui remet en espèces à ses ouvriers 25 % des bénéfices, leur a versé ainsi, depuis 1870, 72,000 fr. La maison Chaix, qui donne 15 %, a versé, depuis 1872, 765,000 fr.[1].

On a vu que la Suisse peut être placée, eu égard à sa population, à la tête des pays qui ont inauguré le système de la participation. Voici un

---

[1] Ces chiffres sont empruntés aux tableaux envoyés à l'exposition d'Anvers et se rapportent, par conséquent, à cette date.

relevé très instructif, fourni, en 1882, par les chefs d'un des établissements qui ont mis ce système en pratique, MM. Billon, Isaac et Cie :

ANNÉES	NOMBRE des ouvriers employés	SALAIRES moyens par jour	PROPORTION % du bénéfice au salaire	BÉNÉFICE moyen par ouvrier
		fr. c.		fr. c.
1871-1872	103	4 42	18 1/2	201 75
1872-1873	109	4 75	28 1/2	347 40
1873-1874	92	5 05	20 1/2	276 15
1874-1875	102	4 91	23 1/2	308 85
1875-1876	140	4 98	17 »	221 80
1876-1877	98	4 82	4 »	56 »
1877-1878	82	4 72	» »	» »
(Guerre de Turquie.)				
1878-1879	89	4 64	8 »	107 85
1879-1880	89	4 70	10 »	137 75
1880-1881	101	4 83	15 »	212 19

Ce tableau nous montre par des chiffres l'influence considérable et bienfaisante que la participation est susceptible d'exercer sur les salaires. Notez que ces salaires, auxquels viennent se joindre des bénéfices très appréciables, sont déjà les plus élevés de la Suisse : il s'agit de l'industrie très prospère des boîtes à musique. Ce tableau surtout nous fait voir que, contrairement à ce que craignaient d'excellents économistes, le bénéfice moyen par ouvrier s'est élevé en même temps que le nombre des ouvriers. Et cela se comprend aisément : plus l'industrie est prospère, plus l'entrepreneur étend ses affaires et emploie d'ouvriers.

En Italie, une participation de 5 % est accordée aux ouvriers de la manufacture de laine Rossi, à Schio. On se rappelle que les ouvriers des manufactures de laine reçoivent, en Italie, des salaires exceptionnellement élevés; eh bien! la participation a procuré aux ouvriers de la manufacture Rossi, depuis 1873, sous forme de subventions à des caisses de secours et de retraite, un produit de 517,000 fr.

On nous a dit les bienfaisants effets de la participation; il est facile de discerner les causes. A vrai dire, il n'y en a qu'une, mais combien puissante! C'est l'intérêt personnel, réveillé chez l'ouvrier par la participation dans les bénéfices, qui rend l'ouvrier plus soigneux, plus laborieux, et qui lui fait donner une somme plus grande d'un meilleur travail; or nous avons reconnu que la condition de l'ouvrier dépend surtout de la productivité de son travail. C'est l'intérêt personnel qui fait comprendre à l'ouvrier la solidarité qui l'unit au patron, et qui prévient les dissentiments et les grèves; or, nous avons vu combien elles sont généralement funestes aux classes laborieuses. C'est l'intérêt personnel enfin qui, par le développement de la productivité du travail, conduit à ce résultat merveilleux, que le patron, tout en abandonnant une part de ses bénéfices, fait encore une bonne affaire et réalise de plus grands profits! Résultat bien fait pour mettre en relief aux yeux de tous l'harmonie des intérêts !

Nous ne voyons pas dans la participation aux bénéfices une panacée universelle; mais nous ne pouvons nous empêcher d'y voir, en présence des résultats de l'enquête dans laquelle nous avons puisé, le meilleur remède qui puisse être immédiatement appliqué pour combattre l'antagonisme du travail et du capital, en même temps qu'un des plus puissants moyens d'améliorer la condition des salariés, par l'augmentation de la productivité du travail, l'élévation du salaire et l'épargne. Il faut la prêcher aux ouvriers, dont quelques-uns, nous l'avons vu, ont besoin d'être convertis; mais les motifs mêmes que ceux-là mettent en avant prouvent que les bons ouvriers, les laborieux, accepteront toujours avec reconnaissance la participation aux bénéfices[1]. Il faut surtout la prêcher aux patrons, et c'est de ce côté sans doute que seront à vaincre les plus vives résistances. Cependant, ceux qui se dévoueront à la réforme ne trouveront-ils pas un argument décisif dans les témoignages concordants de tous les patrons qui

[1] Quoi de plus touchant que cette lettre adressée à MM. Goffinon et Barbas par leurs ouvriers, à la suite de la signature du contrat établissant chez eux la participation : « Les employés et ouvriers participants nous chargent de vous exprimer toute la reconnaissance que leur inspire une institution aussi libérale et aussi utile que la participation (caisse de retraites et caisse de prévoyance) que vous venez de créer en notre faveur. Nous vous remercions au nom de tous d'avoir eu cette grande et heureuse idée de venir en aide à ceux qui, parmi nous, seraient malades en créant la caisse de secours mutuels. Soyez convaincus, Messieurs et chers patrons, que nous respecterons le règlement; que, par notre zèle et notre assiduité au travail, nous nous rendrons dignes de plus en plus de votre bienveillante attention, et que nous ferons tous nos efforts pour suivre vos conseils pour l'économie à apporter dans les travaux et la conservation du matériel. Nos bonnes dispositions vous assurent la prospérité de notre maison et sont une garantie pour chacun de nous.

» Veuillez agréer, Messieurs et chers patrons, l'expression de notre vive reconnaissance et recevoir l'assurance de notre sincère et respectueux dévouement. »

Le Comité consultatif.

******

ont pratiqué le système de la participation? « Si
» je suis philanthrope, disait M. Laroche-Joubert
» à la Commission d'enquête, c'est sans le savoir ;
» en faisant participer mes ouvriers dans les bé-
» néfices de mon industrie, j'ai cru agir au mieux
» de mes intérêts ». — M. le marquis de Vogué a
trouvé le mot juste : « Les uns se préoccupent plus
» de leurs intérêts, les autres de leurs devoirs;
» dans le cas présent, il y a solidarité entre l'in-
» térêt bien entendu et le devoir accompli. »

Le plus grand obstacle que rencontrerait sans
doute la généralisation du système de la participation serait le droit d'immixtion et de contrôle
dans les livres et les inventaires, si ce droit était
reconnu aux ouvriers participants. C'est une des
principales objections que faisait au système de la
participation M. Paul Leroy-Beaulieu, dans sa
remarquable étude sur *La question ouvrière au
xixe siècle*. Nous n'en contestons pas la gravité;
cependant les faits ne paraissent pas l'avoir encore
confirmée, et tous les déposants nous ont dit, dans
l'enquête, que la participation avait fonctionné
sans contrôle et sans difficulté. L'important serait
que ce point fût, dès le début, mis hors de con-
troverse, et quatre lignes y suffiraient. Sur les
quarante-neuf maisons qui ont pratiqué le système

de la participation, nous n'en apercevons que cinq qui aient admis le droit de contrôle des ouvriers, et elles y étaient en quelque sorte forcées ; car, dans quatre de ces maisons, la participation est appliquée à l'acquisition de titres de l'entreprise; en sorte que les participants deviennent de véritables associés. Quelques-unes ont institué un comité consultatif ou de conciliation. La maison Goffinon et Barbas a inauguré un procédé nouveau par la nomination d'un arbitre-expert, chargé du contrôle des comptes et de la détermination des bénéfices. Mais presque toutes les maisons ont réservé leur complète liberté d'action et ont décliné péremptoirement tout contrôle des comptes. Si cette stipulation, qui sera toujours la règle générale, n'était pas reconnue valable, il faudrait (tous les hommes au courant de la question l'affirment, et le bon sens le dit) renoncer à voir se développer le système de la participation [1].

Nous n'entrerons pas ici dans les détails du système de la participation tel qu'il a été généralement pratiqué; nous nous contenterons d'en

---

[1] V. sur cette question capitale l'intéressante déposition de M. Charles Robert devant la Commission d'enquête des associations ouvrières (*Journal officiel*, 23 et 25 avril 1885).

indiquer les grandes lignes et d'en signaler les traits essentiels.

Le taux de la participation, généralement déterminé d'avance (ce qui nous paraît indispensable pour que le système produise ses bons effets), est naturellement très variable, suivant les industries, l'importance du capital et de la main-d'œuvre. Dans certaines maisons ou sociétés, il est de 2 %, et, dans la maison Leclaire, il monte à 75 %.

Dans presque toutes les maisons, la répartition est faite au prorata des salaires; cependant, une dizaine de maisons environ tiennent compte, en outre, de l'ancienneté des participants. Deux ou trois seulement ont laissé la répartition à l'appréciation du chef ou directeur, ce qui semble de nature à enlever au stimulant de la participation une partie de son énergie.

Une question capitale est celle de l'emploi des fonds attribués au personnel. Dans huit maisons seulement sur quarante-neuf, les sommes provenant de la participation sont remises en totalité aux ouvriers, quelquefois en espèces, presque toujours par la constitution d'un livret individuel. Dans vingt et une maisons, les sommes sont retenues en totalité, le plus souvent pour la constitution d'un patrimoine transmissible, quelquefois pour alimenter une caisse commune de prévoyance destinée à fournir des pensions viagères. Enfin, dans vingt maisons, on fait deux parts des sommes revenant aux ouvriers : l'une, généralement la plus petite, qui est immédiatement distribuée; l'autre, qui est retenue pour constituer un fonds de prévoyance. Nous croyons que c'est là le meilleur système. Il faut d'abord que, dans la participation, une part et une large part soit faite à la prévoyance; car c'est ce que nos ouvriers ont le plus besoin d'apprendre aujourd'hui. D'autre part, il nous paraît utile que l'ouvrier reçoive immédiatement une partie de ce qui lui revient; car il serait à craindre qu'une participation dont les effets seraient trop éloignés n'exerçât pas une influence sérieuse sur le zèle et la moralité de l'ouvrier.

Une espèce de participation qui a été pratiquée avec succès en Angleterre, et que nous trouvons appliquée dans quelques maisons en France, consiste à employer une partie des sommes revenant aux ouvriers à l'acquisition de titres de l'entreprise, dont le capital a été divisé en actions de faible valeur : ainsi pratiquée, la participation aux bénéfices peut conduire tout droit à l'association.

Ne lui demandons pas tant! Demandons-lui ce qu'elle peut certainement nous donner, puisque ses preuves sont faites : la stabilité, la paix et l'harmonie rétablies dans l'atelier, avec la confiance et le dévouement réciproques entre le patron et l'ouvrier; la grève évitée; la productivité du travail portée à son maximum, et les salaires de l'ouvrier accrus en même temps que les bénéfices de l'entrepreneur.

Nous avons insisté sur la participation aux bénéfices, parce qu'elle nous paraît être un remède efficace au mal le plus aigu de notre état social, l'antagonisme du travail et du capital. Mais l'œuvre de régénération qui s'impose aujourd'hui est autrement large et demande un grand effort social : il s'agit d'instruire l'ouvrier et de le moraliser!

L'association est à la mode, et nous nous associons aujourd'hui pour beaucoup de choses. Peut-être même plusieurs seront-ils tentés de tirer de là une fin de non-recevoir contre une association nouvelle. Et, cependant, celle que nous voudrions voir instituer nous paraît infiniment plus nécessaire que toutes les autres.

Nous voudrions que dans chaque commune, dans chaque quartier, dans chaque hameau, tous les citoyens capables d'exercer une influence sociale se réunissent en une association ayant pour but spécial et déterminé l'amélioration du sort des classes laborieuses. Notre société est généralement charitable, généreuse même ; mais il faut bien le dire, elle ne pratique guère l'assistance, qui est bien plus large et plus efficace que la charité, l'assistance qui enseigne et moralise, qui réconforte et se dévoue. Il est grand temps de la pratiquer, et il faut la pratiquer par l'association ; car l'association seule peut donner la force nécessaire pour produire une réforme sensible. Nos malheureuses divisions politiques seront un obstacle, trop facile à prévoir ; et, pourtant, si nous voulions revenir à résipiscence, quel excellent terrain de rapprochement et de réconciliation que celui-là ! Dans tous les cas, nos divisions peuvent rétrécir le cercle de l'association, mais non l'empêcher de se fonder, et le parti le plus habile serait celui qui en prendrait l'initiative.

L'association que nous voudrions voir se fonder serait destinée à pratiquer l'assistance sous toutes ses formes. La charité ne serait pas, dans notre opinion, le but principal : il faudrait même que les cotisations fussent assez minimes pour que l'association fût aussi compréhensive que possible.

Notre association aurait d'abord pour mission d'instruire les ouvriers, de prêcher et de faire pénétrer partout les saines notions économiques en multipliant les conférences populaires et en opposant la vérité aux prédications socialistes qui retentissent perpétuellement à leurs oreilles. Ces conférences auraient principalement pour but de faire bien comprendre aux ouvriers le véritable rôle de l'État, l'harmonie du travail et du capital, les nécessités de la concurrence, les lois du salaire, la prévoyance et l'épargne. Il faudrait joindre l'action à la parole, et fonder partout des sociétés de secours mutuels, qui sont la meilleure école de moralisation, et des caisses d'assurance : comme membres honoraires des sociétés de secours mutuels, les associés auraient une excellente occasion de se mêler aux ouvriers et de leur faire entendre leurs conseils. Il faudrait poursuivre sans trêve l'ivrognerie, fonder des sociétés de tempérance, instituer des récompenses. Il faudrait encore apprendre au peuple à former des sociétés de consommation, qui lui donneront des denrées meilleures et à meilleur marché. Il y a en ce moment un mouvement en ce sens, dont le récent congrès qui vient de se tenir à Lyon[1] est le témoignage;

[1] Septembre 1886.

mais cette idée est encore peu connue dans la masse des classes laborieuses des villes et tout à fait inconnue dans les campagnes; il faut la vulgariser, prodiguer les conseils, et, au besoin, accepter la direction. Il faut s'instruire de tous les progrès réalisés en ce sens à l'étranger, en Angleterre, en Suède, en Allemagne, en Italie, et les répandre dans les masses.

Notre société pourrait rendre encore un immense service aux travailleurs en créant dans son sein, dans chaque commune, dans chaque quartier, un bureau général de placement, mettant en communication les employeurs et les employés; elle supprimerait par là bien des chômages et des misères individuelles, en même temps qu'elle rendrait un signalé service à l'industrie. Elle travaillerait à répandre la participation aux bénéfices, dont nous avons vu les heureux effets et à restaurer l'apprentissage. Elle accepterait l'arbitrage, quand on voudrait bien le lui demander, dans les conflits entre les ouvriers et les patrons, et sa voix aurait toute chance d'être écoutée par les ouvriers. Elle viendrait en aide aux travailleurs nécessiteux, après enquête : plutôt que de donner, elle ouvrirait des crédits limités, et, comme la ponctualité à remplir les engagements serait la condition inflexible pour obtenir de nouvelles avances, ce serait encore un moyen de relever la moralité. Enfin, elle visiterait, soulagerait, conseillerait les travailleurs dans la misère.

Nous n'avons, au reste, nullement la prétention de circonscrire le champ d'action de l'association que nous voudrions voir se former sur tous les points du territoire. Elle aurait pour objet la question ouvrière, elle l'étudierait sous toutes ses faces, elle appliquerait tous les remèdes applicables. Ce que nous croyons fermement, c'est que l'amélioration du sort des classes laborieuses s'impose aujourd'hui comme une nécessité politique de premier ordre; c'est qu'il est nécessaire de faire un grand effort social; c'est qu'il y a là une question de vie ou de mort.

Voici une page pleine de sens, et d'une grande hauteur de vues, que nous trouvons dans un rapport rédigé, il y a quelques années, par un comité mixte d'ouvriers et de patrons d'Arnheim (Pays-Bas), chargé d'étudier la question des salaires :

« La raison pour laquelle tous les salaires ne sont
» pas égaux est que tout travail n'est pas éga-
» lement productif. L'homme qui travaille mieux
» que son voisin sera mieux payé. La rétribution
» du travail est en rapport constant avec son

» intensité. Plus son intensité est grande, plus la
» valeur productive du travail augmente, plus
» l'ouvrier est bien payé. Que l'on donne à l'ou-
» vrier les moyens d'augmenter son instruction,
» que le comité scolaire se préoccupe de former
» les ouvriers de l'avenir, que des écoles indus-
» trielles soient établies pour le rendre plus apte
» à son travail, enfin, que les ouvriers qui mon-
» trent les plus heureuses dispositions soient mis
» à même d'aller à l'étranger, d'étudier ce qui
» s'y fait et de sentir le stimulant d'une noble
» ambition. Par dessus tout, que les ouvriers
» s'excitent les uns les autres, en prenant à leur
» travail intérêt et plaisir. Le travail ennoblit,
» même le travail manuel. L'ouvrier doit travail-
» ler à son propre développement, et, par son
» exemple et sa conduite, agir sur ses cama-
» rades; mais les autres classes de la société doi-
» vent l'aider à se procurer les moyens de son
» développement intellectuel et moral ». — Voilà
la meilleure conclusion de ce travail.

En le quittant, nous avons à cœur d'aller au-
devant d'un reproche immérité. La ferme volonté
de dire toute la vérité a amené parfois sous notre
plume des appréciations sévères à l'égard des
ouvriers. On méconnaîtrait singulièrement nos

sentiments, si l'on pouvait induire de là que nous éprouvons à leur égard, sinon de l'hostilité, au moins de l'indifférence. Nous ne craignons pas de le dire : le meilleur fruit que nous ayons retiré d'études économiques déjà longues, c'est une sympathie profonde pour les classes laborieuses : l'étude de l'économie politique nous oblige de penser à elles; est-ce que cela ne suffit pas pour nous intéresser vivement à leur sort? Mais les vrais amis des ouvriers ne sont pas ceux qui exagèrent leurs droits et exaltent leurs désirs, ce ne sont pas ceux qui leur disent, sans se préoccuper des moyens et sans prévoir l'avenir : Jouissez! Nous croyons être mieux dans leurs intérêts en leur tenant un tout autre langage : « Il ne faut pas consulter seulement ses appétits, il faut consulter la raison. Regardez autour de vous : Est-il vrai, oui ou non, que vos patrons sont harcelés, débordés par la concurrence étrangère? Est-il vrai que vous-mêmes souffrez déjà beaucoup de la concurrence des bras étrangers? Ne voyez-vous pas que vous êtes également menacés par le rival commun, et que votre lutte, en se prolongeant ne pourrait être que fatale aux deux parties? L'intérêt comme le devoir de tous est de faire trève au plus tôt et de conclure une paix durable.

Travaillez, prenez de la peine; car ce n'est que par le développement de la productivité du travail, que vos salaires pourront s'élever d'une manière durable. En attendant, jouissez moins, s'il le faut, pour être assurés de vivre! »

FIN.

TABLE DES MATIÈRES.

TROISIÈME PARTIE.

BAR-LE-DUC, IMPRIMERIE CONTANT-LAGUERRE.